JN082720

はじめての
セルフリノベ

DIY初心者でもできる！
かんたんリノベーション

長野 恵理 著

はじめに

今住んでいるおうちは好きですか？

「古いから。」
「賃貸だから。」
「難しいことはできないから。」
そんなふうにあきらめないでください。
ほんの少し手を加えるだけで、あなたのお部屋は
とても愛おしい空間に生まれ変わります。

「リノベーション」というと、高額な費用と大がかりな工事を
イメージされるかもしれません。
でも、けっしてそんなことはないんです。
この本では、初心者の方でも使いやすい材料や道具、基本的な道具の使い方、
DIYでお部屋を変身させる「セルフリノベーション」の方法などを、
さまざまなシーンで紹介しています。

すぐ気軽に試していただけるプチリノベアイデアから、

木工で家具を作る方法、ペイントテクニック、壁や床などの張り替えまで。

今まで2000人以上の方にワークショップを通して指導してきた経験から、

初めての方でも失敗しないためのポイントや、きれいに仕上げるコツも、

できるだけ詳しく掲載しました。

「これやってみたいな」「これなら自分でもできそうだな」

と思うシーンがあれば、ぜひそこから始めてみてください。

セルフリノベーションには、やりたい気持ちとチャレンジ精神が大切です。

家は経年劣化とともに衰えるものではなく、育てていくものです。

自分の手で、お部屋を素敵に生まれ変わらせる。

この楽しみをぜひ味わって下さい。

そして、自分のおうちが好きになる。

今までよりもさらに愛着を持つようになっていただけたら嬉しいです。

Contents

Chapter 4　リノベアイデア

デザイン：廣田 萌＋髙見朋子（文京図案室）

撮影：山本尚明

執筆協力：杉山 梢

イラスト・トレース：堀野千恵子＋河井涼子

本書の読み方

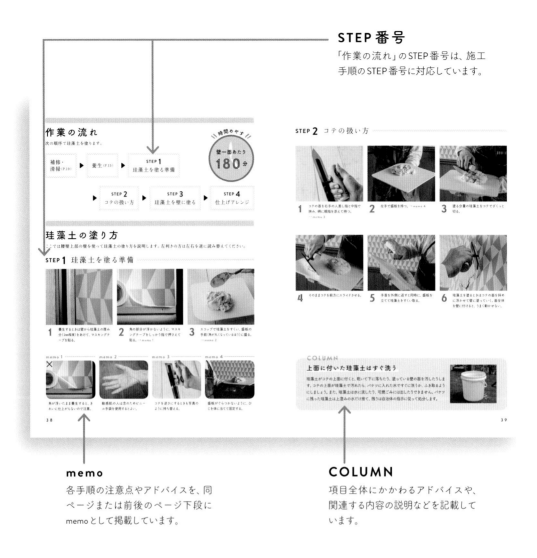

STEP 番号
「作業の流れ」のSTEP番号は、施工手順のSTEP番号に対応しています。

memo
各手順の注意点やアドバイスを、同ページまたは前後のページ下段にmemoとして掲載しています。

COLUMN
項目全体にかかわるアドバイスや、関連する内容の説明などを記載しています。

本書の利用にあたって

・本書に記載されている内容は、2020年5月現在の情報です。

・材料の必要量、費用や時間のめやすは、面積や現在の価格、著者の経験などから割り出していますが、個々のケースによって異なります。あらかじめご了承ください。

・施工時は安全に十分配慮し、個人の責任の範囲内でおこなってください。

・施工時には大きな音や塗料などの臭気が発生することがあります。集合住宅の場合は、事前に近隣へ声掛けしておくことをおすすめします。

・電動工具を使用する際は安全に十分配慮し、木端が飛ぶ可能性があるときは、メガネやゴーグルなどで目を保護してからご使用ください。

Chapter 0

セルフリノベの基礎知識

セルフリノベをはじめる前に注意したいこと、基礎知識として
知っておいてほしいことについて、かんたんに説明します。
とくに「採寸と養生」は、セルフリノベの大前提です。
施工前に正しい知識を身に付けておきましょう。

セルフリノベーションとは

「リノベーション」とは本来、大規模な修復工事をすることで新しい価値を生み出す
という意味です。現在では大規模でなくても、「リノベ」という言葉がよく使われています。
プロに頼んでいた大工仕事を自分でやる、それがセルフリノベーションです。

セルフリノベでできること

家は快適で安全に暮らせるように、さまざまな仕様が法律で定められています。
資格がないとできない工事もあり、一般の人ができることには、限界があります。
セルフリノベに向いているのは、壁紙やフローリングなどの仕上げ材を変更することです。
これらの変更なら家を支える構造部分に手を付けることなく、部屋のイメージを大きく変えられます。
また、小さな家具の製作などもチャレンジしやすい分野です。

壁紙を替える

フローリングにする

壁にペンキを塗る

棚をつくる

本書で取り上げるリノベの範囲

本書でできるセルフリノベの範囲は次のとおりです。

収納家具→P.76〜
飾り棚やTVボードなどの収納家具をつくります。塗装やタイルアレンジも紹介します。

リノベアイデア→P.112〜
照明や取っ手の交換、押し入れの模様替えなど、手軽にできるリノベ方法を紹介します。

壁リノベ→P.18〜
壁の仕上げ材を壁紙や塗料、珪藻土に変更します。腰壁をつくる方法もあります。

床リノベ→P.48〜
床の仕上げ材をクッションフロアやフロアタイル、フローリングに変更します。

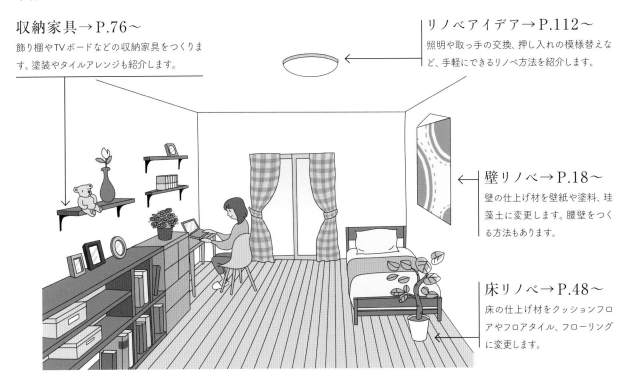

賃貸住宅・共同住宅の制約

賃貸住宅では、退去時の原状回復が原則です。
本書では一部を除き、原状回復可能な
材料を使用しています。ただし、物件によって
許容される範囲が異なるため、施工前に家主に
確認しておくと安心です。
購入した分譲マンションでも、
共用部分には大きな変更を加えることができません。
上層階では、「準不燃」という性能を持つ壁紙を
使わなくてはいけない場合があります。
後々のトラブルを避けるためにも、
ルールの範囲内でできるリノベを楽しみましょう。

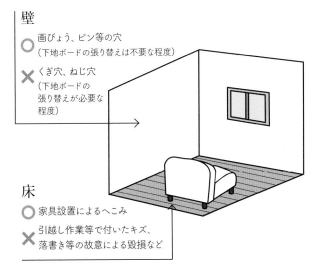

壁
◯ 画びょう、ピン等の穴
（下地ボードの張り替えは不要な程度）
✗ くぎ穴、ねじ穴
（下地ボードの張り替えが必要な程度）

床
◯ 家具設置によるへこみ
✗ 引越し作業等で付いたキズ、落書き等の故意による毀損など

※東京都住宅政策本部「賃貸住宅トラブル防止ガイドライン（概要）」より

家のつくりを知ろう

本書では大きなリノベーションはしませんが、家のつくりを知っておくと、
セルフリノベでできる範囲がわかり、下地の知識も深まります。
また、今後の改築などにも役立ちます。

住宅の構造

住宅には、木造、鉄骨造、鉄筋コンクリート造があります。
柱や梁、壁などの家を支える部分の材によって、種類が分かれています。

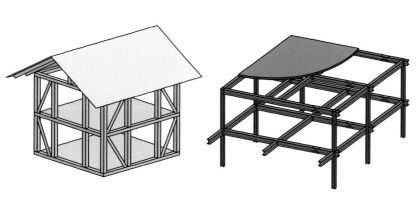

木造

柱や梁などの構造部分が木材でつくられている。日本では古くからあるつくり方で、今でも戸建住宅に多く採用されている。柱や梁で支える軸組工法と、壁などの面で支える壁式（ツーバイフォー）工法がある。

鉄骨造

柱や梁などの構造部分が鋼材でつくられ、使用する鋼材の厚みによって軽量鉄骨と重量鉄骨に分けられる。工期が短くて済むため、コストを重視する建物に向いている。鉄骨造はS（エス）造とも呼ばれる。

鉄筋コンクリート造

柱や梁などの構造部分が鉄筋の入ったコンクリートでつくられている。RC（アールシー）造とも呼ばれる。耐火・耐震性が高く、マンションでよく採用されている。戸建住宅の場合はややコストが高くなる。

COLUMN

建築資材のサイズは尺が基準

ホームセンターに木材を買いに行くと、910mmや1820mmなどの中途半端な長さが、規定のサイズとして売られています。これは日本の長さの単位が、「尺（しゃく）」で表現されていたことに由来します。1尺は303.03mm（30.3cm）で、畳の一般的なサイズが3尺×6尺、つまり約910mm×1820mmです。建築では長年、このサイズを基準に家づくりがおこなわれてきました。このため、単位がメートル表記に変わっても、尺を基準としたmm表記が規定のサイズになっています。

壁 の 構 造

住宅の構造によって、壁のつくりも変わります。

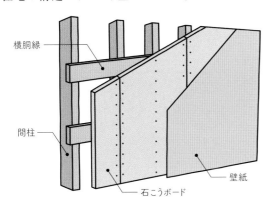

横胴縁

間柱

石こうボード

壁紙

木造・鉄骨造の壁

木造住宅には間柱や胴縁（どうぶち）があり、そこに石こうボードが取り
付けられ、その上から壁紙などの仕上げ材が張られている。壁に棚をビ
スで固定するときに探す「下地」は、この間柱や胴縁のことを指す。鉄骨
造では、この間柱がLGS（軽量鉄骨）になっている場合があり、LGSは特
殊なビスでないと打つことができない。

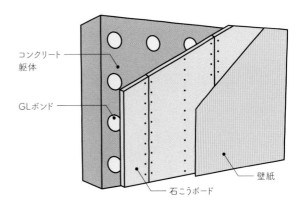

コンクリート
躯体

GLボンド

石こうボード

壁紙

鉄筋コンクリート造の壁

鉄筋コンクリート住宅の壁は、躯体（くたい）のコンクリートにGLボンド
で石こうボードを固定し、その上から壁紙などの仕上げ材を張っている。
「コンクリート打ち放し壁」というのは、躯体の上に石こうボードや仕上げ
材が施されていない壁のこと。コンクリート打ち放しの場合は、DIYでの
棚の取り付けは難しい。

床 の 構 造

おもな床の構造を2つ紹介します。

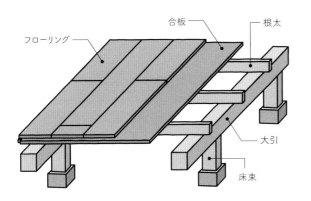

合板

根太

フローリング

大引

床束

根太工法

木造の基本的な床工法。根太（ねだ）の上に合板を張り、その上にフロー
リングや畳などの床仕上げ材を施工する。根太を使わず、厚めの合板だ
けで下地をつくる「根太レス工法」もある。

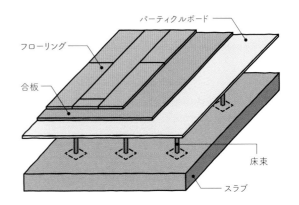

パーティクルボード

フローリング

合板

床束

スラブ

二重床工法

鉄筋コンクリート造のマンションなどに用いられる。配管や配線スペー
スの確保のため、スラブ（コンクリートの床）にゴム脚の床束を入れてパー
ティクルボードと合板を張り、その上に床仕上げ材を施工する。

室内の一般的なサイズ

室内の壁の高さや床の広さ、家具などの一般的なサイズは次のようになっています。
このサイズはめやすとし、実際は必ず採寸をしてから作業に入ってください。

部屋のサイズと各部名称

リノベーションでよく出てくる部屋各部の名称と、壁の高さや床などの一般的なサイズです。

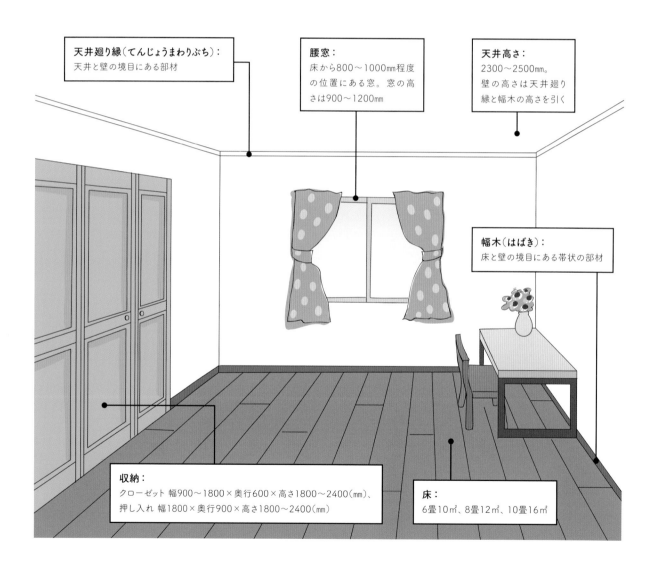

天井廻り縁（てんじょうまわりぶち）：
天井と壁の境目にある部材

腰窓：
床から800～1000mm程度の位置にある窓。窓の高さは900～1200mm

天井高さ：
2300～2500mm。
壁の高さは天井廻り縁と幅木の高さを引く

幅木（はばき）：
床と壁の境目にある帯状の部材

収納：
クローゼット 幅900～1800×奥行600×高さ1800～2400（mm）、
押し入れ 幅1800×奥行900×高さ1800～2400（mm）

床：
6畳10㎡、8畳12㎡、10畳16㎡

家具のサイズ

家具の一般的なサイズです。寸法の単位はmmです。

テーブル

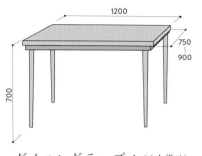

ダイニングテーブル（4人掛け）

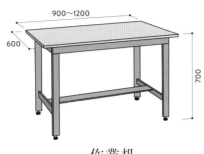

作業机

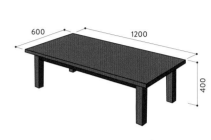

センターテーブル

イス

ダイニングチェア

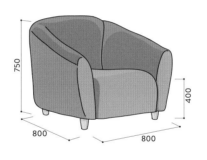

ソファ（1人掛け）

スツール

収納家具

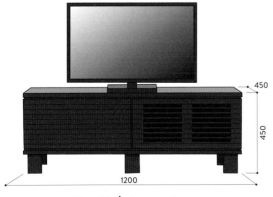

テレビ台（32インチ）

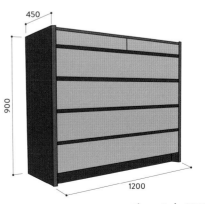

チェスト（整理ダンス）

採寸と養生

セルフリノベをおこなうにあたって、必ずやらなくてはならないのが採寸です。
壁や床の面を採寸すれば、材料の必要量がわかります。
材料と道具が用意できたら、作業以外の場所が汚れたり傷ついたりするのを防ぐために
養生(ようじょう)をします。

採寸道具と測り方

採寸には、コンベックスメジャーや、さしがねを使います。

コンベックスメジャー

先端にツメがあり、テープが金属でできている
メジャー(巻尺)。一部を除き、引き出したテー
プを保持するロック機能がある。長くのばして
も折れにくい25mm幅のものが使いやすい。

1 先端のツメを、測る場所の内側の端
に突き当てるか、外側の端に引っか
けて固定する。水平または垂直にテ
ープをのばして計測する。

2 天井や梁などの高い場所は、壁に沿
わせてテープをのばし、直角に折り
曲げて計測する。

さしがね(指矩、差し金)

L字形になっている金属製の定規。おもに木工
で使う。測った位置に印を付け、垂直線や45
度の線が引ける。長辺が「長手」、短辺が「妻
手」になる。

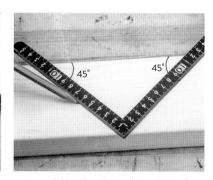

1 長手か妻手を木材の端に合わせ、も
う片方の目盛りで計測する。長手を
端にかけて固定すると、妻手で垂直
線が引ける。

2 木材の端で長手と妻手を同じ目盛り
(ここでは13)に合わせると、それぞれ
45度の角度ができる。この角度に合
わせて線が引ける。

養生の方法

建築で使われる「養生 (ようじょう)」とは、作業場所の周辺をシートやテープでおおい、
傷や汚れから保護することを指します。養生で使用するのは、マスカーとマスキングテープです。
壁リノベをするときは、天井廻り縁や幅木 (P.12) との境界、窓やドアの枠、エアコン、
コンセント、スイッチなどに養生をして汚れないようにします。
取りはずせるものは、養生前にはずしておきましょう。

マスキングテープ

養生に使用する粘着テープ。はがす
ことを前提としているため、はがしや
すくなっている。マスカーを使うとき
は、下に重ねて貼る。

マスカー

マスカーは、ポリシートが折りたたん
だ状態でついているテープ付きの養
生シート。ポリシートの幅は550mm
や1100mmのものが使いやすい。

マスキングテープの貼り方

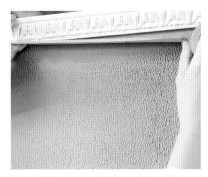

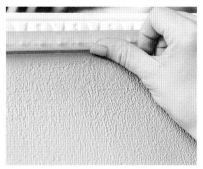

1　施工する面と保護する場所の境目に
　　マスキングテープをすき間なく貼る。

2　接着面が浮かないように、指でしっ
　　かり押さえてテープを密着させる。

3　コンセントやスイッチは境目をしっか
　　り貼り、テープを少し内側に向けて立
　　ち上げておくと、汚れがつきにくい。

マスカーの貼り方

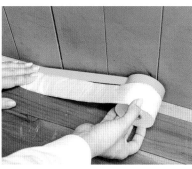

1　床などの広い場所はマスカーで養生
　　する。まず、マスキングテープを施工
　　面の境目に貼る。

2　境目から少し離して、マスキングテー
　　プの上からマスカーのテープを貼る。

3　貼り終えたら、ポリシートを広げる。
　　シートは静電気を帯びているので、
　　広げるとその下の面に張りつく。

計画を立てる

作業によってかかる日数や時間は異なりますが、DIYの大まかな流れは次のとおりです。
作業の前に計画を立てて、必要な時間と場所を確保しましょう。

STEP 1
どんなリノベをするか決める
どの場所をどのようにリノベーションするのか、つくったもの
をどこに置くのか、といった完成後のイメージを固めます。

▼

STEP 2
採寸と設計
リノベーションする壁や床の面積、家具を置く場所などを
採寸し、必要な材料や道具をリストアップします。木工は
おおまかな設計図をつくり、木取り図を用意します。
※めやす時間　2〜3日

▼

STEP 3
材料や道具の準備
材料や道具はDIYショップやホームセンターなどで購入
できます。ネットショップで木材を購入する場合は、実物
をチェックできません。反りや節があって使えないものが
混じる可能性があるため、少し多めに購入しておくとよい
でしょう。
※めやす時間　1日（ネットショップの場合は配送にかかる日
にちを考慮する）

STEP 4
作業の下準備
実作業をおこなう前に、汚れてもよい服やエプロンを着用し
ましょう。施工場所の掃除や養生をして、必要があればシー
ラーを塗ったり、穴をふさぐといった下地の処理をします。
※めやす時間　掃除と養生：2時間、シーラー：2〜3時間

▼

STEP 5
実作業
実作業をおこないます。接着剤で材料を固定するときや
塗料を塗るときなどは、乾燥に時間がかかります。効率よ
く進められるよう、前もって手順を考えてから作業しましょ
う。
※めやす時間　本書の各項目に記載

▼

STEP 6
後片付け
残った材料は自治体の指示に従って廃棄します。保管す
る場合は、注意書きをよく読んで適切な場所に片付けま
す。道具は刃物など危険なものもあるので、しまう場所に
注意しましょう。お手入れも忘れずに。
※めやす時間　30分〜1日

Chapter 1

壁のセルフリノベ

部屋で大きな面積を占める壁の模様替えは、
雰囲気やイメージを大きく変えたいときに効果的です。
この章では、壁紙の貼り方、塗料や珪藻土の塗り方、
腰壁のつくり方について説明します。

壁リノベをはじめる前に

壁リノベをはじめる前に、壁仕上げの種類や壁の補修方法などについて説明します。
本書では、ビニルクロスの上から施工できる材料を使います。
元の壁に穴や傷があるときは、しっかり補修してからはじめましょう。

壁仕上げの種類

壁の仕上げにはいくつか種類があります。代表的なものは次の4種類です。

壁紙

ビニールや紙、不織布などの
素材でできたシート状の仕上
げ材。壁仕上げではもっともよ
く使われている。専用ののりで
壁に貼る。

→壁紙の貼り方は P.20

塗料

室内で使われるのは、おもに
水性塗料。カラーが豊富で、
黒板機能を持つものもある。
壁紙に比べて汚れやすいが、
部分的な補修が可能。

→塗料の塗り方は P.28

板壁

無垢材や化粧合板(けしょうご
うはん)などの板材を壁に張っ
たもの。壁の下半分だけに板
材を張る「腰壁」の手法もよく
用いられる。

→腰壁のつくり方は P.42

左官材

土や石などの粉状の原料を使
った練り材。固まる前にコテで
壁に塗る。左官材には漆喰や
土壁、砂壁、珪藻土などがある。

→珪藻土の塗り方は P.35

ビニルクロス壁の補修と清掃

本来、壁の仕上げを変更するときは、元のビニルクロスをはがし、石こうボードの穴や継ぎ目を
パテやネットシートなどを使って平らにします。本書ではビニルクロスの上から施工をしますが、
穴や傷がある場合は同様に事前の補修が必要です。
補修がすんだら壁の汚れを落としておきます。

ネットシート

壁にできた大きい穴に貼って
補強する

パテ

壁にできた小さい穴を埋める

補修・清掃の方法

1 壁穴にパテを入れる。ヘラで空気を押し出すように埋め込む。

2 表面が平らになるように、ヘラで余分なパテを取り除く。

3 しっかり乾かしたら、紙やすりで平らにする。紙やすりは120番か240番を使用するとよい。

4 壁穴の補修ができた。

5 シミや汚れを中性洗剤でふき取る。カビやヤニは専用の洗剤を使って落とす。

6 ホコリが付いていると仕上がりに影響するので、ホコリ取りモップで壁を掃除する。

その他の壁の下地処理

P.20で説明するフリース壁紙を貼る場合、元の壁が
合板だったり、ひどく汚れたビニルクロスだったときは、
シーラーによる下地処理が必要です。
シーラーには、下地の汚れや木材のアクが
新しい壁紙の表面に浮き上がってくるのを防ぐ役割があります。
合板の壁は、サンダーで表面をなめらかにしてから
シーラーを塗ります。コンクリートの壁にもシーラーが必要です。
左官材の壁はスクレッパーで左官材をかき落とし、パテ処理をします。
ただし、プロに頼まないと、きれいにはがすことはできません。
それでも左官材の壁を変えたい場合は、上から合板を張って
シーラー処理をするという方法もあります。

ヤニ止め
シーラー

シーラー処理をした
押し入れの合板の壁

壁紙を貼る

壁リノベにはいくつか方法がありますが、なかでも挑戦しやすいのが壁紙を使ったリノベです。フリース壁紙を使えば、賃貸住宅でもあとからはがして原状回復することも可能です。

壁紙の種類

壁紙はビニール・紙・布などの素材によって分類され、プロには「クロス」と呼ばれています。

ビニルクロス

住宅でよく使われるポリ塩化ビニル樹脂性の壁紙。耐水性が高く、汚れにも強い。価格は安価だが、貼り付け面が紙のため施工時には伸縮に注意しなくてはならず、継ぎ目の処理もテクニックが必要。幅は92cm程度。

紙クロス

紙製の壁紙。輸入壁紙は紙クロスが多く、デザイン性も高い。紙製ゆえに水や衝撃に弱く、水回りなどの壁には不向き。施工しやすいものも増えているが、きれいに貼るにはそれなりの技術が必要。幅は52cm程度が多い。

フリース（不織布）壁紙

貼り付け面が不織布になっている。伸縮率が低く、壁にのりを塗って貼れるため、手軽に施工できる。専用のりならすぐにはがせるため、原状回復が可能なセルフリノベ向き。幅は50〜55cm程度が多い。

セルフリノベ向きの壁紙

フリース壁紙と専用のり（スーパーフレスコイージー）を使うと、
ビニルクロスの上から壁紙を貼ることができ、はがすときもかんたんです。
ビニルクロスよりも単価が高くなりますが、賃貸など
原状回復しなくてはならないときに使えるアイテムです。
元の壁が合板やコンクリートのときは、
シーラー処理（P.19）をしてから貼ります。
左官材を使った壁の上には使用できません。

フリース壁紙　　専用のり

壁紙必要量のめやす

天井高を2.3mとした場合のめやすです。幅木、天井廻り縁、窓やドアの面積は必要量から引きます。
柄合わせが必要な場合はカット時の余剰分を多めにとります。

壁1面あたり：壁の幅÷壁紙の幅×天井高＋カット時の余剰分（上下10〜15cm）

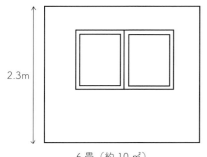

6畳（約10㎡）

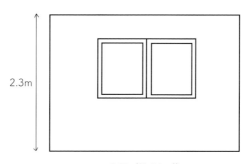

8畳（約13㎡）

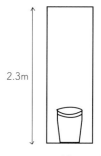

トイレ（約1.1㎡）

6畳（約10㎡）の場合

幅50cmで…
・1面当たり
　約16〜21m
・1部屋あたり
　約74m

幅55cmで…
・1面当たり
　約13〜18m
・1部屋あたり
　約62m

8畳（約13㎡）の場合

幅50cmで…
・1面当たり
　約21m
・1部屋あたり
　約84m

幅55cmで…
・1面当たり
　約18.5m
・1部屋あたり
　約74m

トイレ（約1.1㎡）の場合

幅50cm、55cmともに
・1面当たり約5〜8m
・1部屋あたり約26m

COLUMN

ホルムアルデヒド発散等級

ホルムアルデヒドはシックハウス症候群の原因の1つとされる物質です。建築材料から放出されることがあるため、国産の壁紙はホルムアルデヒドの発散等級を星マークで表示しています。星が多いほど発散量が少なく、F☆☆☆☆マークが付いているものが安心です。

材料と道具

壁紙を貼るための材料と道具です。ここではフリース壁紙を使用します。

材料

フリース壁紙
ここでは柄のある壁紙を使用。柄合わせが必要

フリース壁紙用のり
粉末状ののり。水に溶かして使用する

道具—のり用

バット
壁紙を貼るのりを入れる容器

ローラー
のりを壁に塗る

ハケ
壁の端や細部にのりを塗る

ウエットティッシュ
はみ出たのりをふき取る

道具—壁紙用

地ベラ
壁紙をまっすぐにカットするガイドとして使用

なでハケ
壁紙の上からなでて壁との間の空気を抜く

カッター
壁紙をカットする。必ず替刃を用意しておく

ジョイントローラー
壁紙のつなぎ目を圧着する

ヘラ
壁紙にカットラインの印を付ける

作業の流れ

次の順序で壁紙を貼ります。

補修・清掃(P.19) ▶ 床の養生 (P.15) ▶ **STEP 1** のりを用意する

▶ **STEP 2** 1枚目の壁紙を貼る ▶ **STEP 3** 2枚目以降を貼る ▶ **STEP 4** 最後の1枚を貼る

時間めやす
壁一面あたり
120分

壁紙の貼り方

壁紙を貼ってみましょう。ここでは腰壁の上に7m分の壁紙を貼る例で説明します。

STEP 1 のりを用意する

1 バットに水を入れる。壁紙1mあたり100ccの水にのり3gを溶かして使用する。→ memo 1

2 ハケで水をかき回しながら、少しずつのりを入れる。→ memo 2

3 粉のザラザラ感がなくなり、半透明でなめらかな状態になるまで混ぜる。→ memo3

memo 1

のりは紙コップなどに入れ、あらかじめ量をはかっておく。

memo 2

ハケをくるくる回すように動かすとダマになりにくい。

memo 3

ハケからのりがゆっくり落ちるくらいの固さにする。

STEP 2　1枚目の壁紙を貼る

1　壁に壁紙を当てて、おおよそ1巾分の範囲を確認する。

2　ローラーにのりを付け、1巾分の範囲全体を塗る。何度か塗り重ねて厚みを付ける。→ memo 4

3　ハケにのりを付けて端部や隅、2枚目の壁紙とのつなぎ目になる部分をしっかり塗り重ねる。

4　床に壁紙を置き、上方向にひっぱる。上端から5cmほど切りしろを余らせ、壁紙を軽く押さえて貼る。
→ memo 5

5　壁の下端から5cmほど切りしろを残してカットする。

6　なでハケを壁紙の中央から端に向かって動かし、空気を抜く。

---

memo 4

指でなぞると跡が付くくらい、のりを塗り重ねる。

memo 5

貼った後に壁紙が垂直になるよう微調整する。

memo 6

カッターは壁から離さず、地ベラのほうをスライドしながら切り進める。

memo 7

のりの付着で切れ味が悪くなるので、一辺をカットしたら必ずカッターの刃を折る。

7 上側の余分な壁紙をカットするため、爪で押さえてカットラインを付ける。

8 続けてヘラでカットラインをなぞる。爪で押さえる前にヘラを使うと、壁紙が破れるおそれがある。

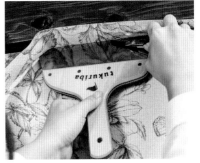

9 地ベラをカットラインに当て、地ベラに沿うようにカッターを動かして余分な壁紙をカットする。
→ memo6,7

10 下側も手順7、8と同様にカットラインを付ける。地ベラを壁紙に当て、カッターで余分な壁紙をカットする。
→ memo 8,9

11 窓などがあって壁紙を切り抜く場合は、角から少し離れた位置から斜めに切り込みを入れる。

12 角に向かって少しずつ切り込みを入れる。角の位置が決まったら、手順7～9と同様にして余分な壁紙をカットする。→ memo10

---

memo 8

地ベラの内側でカットすると、すき間ができてしまうので、必ず地ベラの外側をカットする。

memo 9

地ベラは寝かせずに立てた状態でカットする。

memo 10

角を切りすぎてしまっても、余りの壁紙を使って調整すれば、きれいに処理できる。

13 天井や壁にはみ出したのりをウエットティッシュでふき取る。

14 1枚目が完成。

STEP **3** 2枚目以降を貼る

1 STEP2 の手順1〜3と同様にしてのりを塗り、1枚目の壁紙のつなぎ目側の端をめくって再度ハケでのりを付ける。

2 2枚目の壁紙を持ち上げ、1枚目の壁紙と柄を合わせる。位置を決めたらSTEP2 の手順4〜13と同様にして壁紙を貼る。

3 1枚目と2枚目のつなぎ目をジョイントローラーで圧着する。2枚目と同様にして3枚目以降も貼る。

COLUMN
壁紙のリピート

柄のある壁紙は、「リピート」と呼ばれる柄の繰り返しでできています。1つのリピートは半分、または1/4程度ずらすと、壁紙のつなぎ目が合うようになっています。壁紙必要量(P.21)には、柄合わせに必要な長さも計算に入れましょう。

矢印のような柄のつなぎ目を目印にする

STEP 4 最後の1枚を貼る

1 最後の1枚は柄合わせをして位置を整えたら、上下と横に5cmほどの切りしろを残してカットする。

2 なでハケで空気を抜き、上側に爪だけでカットラインを付け、ラインに沿って折り返す。ヘラは使わない。

3 下側も爪だけでカットラインを付け、ラインに沿って折り返す。

4 横は爪でカットラインを付けたら、ヘラでなぞる。

5 地ベラを横のカットラインに当ててカットする。続けて上下の切りしろをカットする。

6 ジョイントローラーでつなぎ目を圧着し、はみ出したのりをふき取れば完成。

COLUMN

コンセント回りの処理

コンセント回りは次のような手順で処理します。

1 コンセントのカバープレートをはずしておく。上から壁紙を貼り、コンセントの位置に対角線で切り込みを入れる。

2 コンセントのサイズに合わせて余分な壁紙を切り取る。

3 カバープレートを取り付けて完成。

塗料を塗る

塗料を使った壁リノベは、壁紙や珪藻土と比べて
材料費を安く抑えられます。ローラーで塗るだけ
という手軽さと、あとから修正可能なところが
DIY初心者にも人気です。

Break time

壁に使う塗料

ここでは、壁紙の上から塗ることができる
水性塗料「ミルクペイント for ウォール」を使用します。
ミルク原料を使用し、消臭・抗菌・防カビ機能を備えているので、
安心して使えます。30色のカラーバリエーションがあり、
一部の色以外には黒板機能が付いています。

COLUMN

水性塗料と油性塗料

塗料には水性塗料と油性塗料があります。この2つの大
きなちがいは溶剤で、水性塗料には水、油性塗料にはシ
ンナーなどの有機溶剤が使われています。

油性塗料は耐久性や速乾性に優れていますが、におい
がきついため、室内の塗装には向きません。室内の壁に
は水性塗料を使用したほうがよいでしょう。

光による塗料の色味のちがい

塗料の色を選ぶときに使う色見本は、塗装する壁面に比べてとても小さいものです。
面は広くなるほど光をたくさん受けて明るく見えるので、
壁に塗った色は色見本よりも明るくなると思ったほうがよいでしょう。
また、部屋への日の入り方や光源の色によっても色の見え方が変わります。
西、南からの光や電球色の光源は赤味が、東、北からの光や昼光色の光源は
青味が加わります。このことを考慮して色選びをしてください。

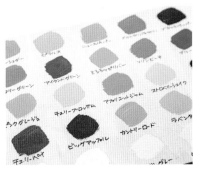

自然光での色の見え方

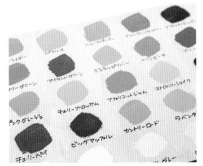

西日や白熱灯などの電球色での色の見え方

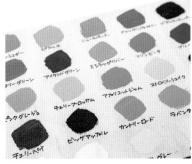

蛍光灯など昼光色での色の見え方

塗料必要量のめやす

天井高を2.3mとした場合の必要量のめやすです。幅木、天井廻り縁、窓やドアの面積は必要量から引きます。
「ミルクペイント for ウォール」は、200mℓボトルで約1㎡の壁面を2度塗りできます。

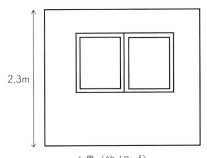

2.3m

6畳（約10㎡）

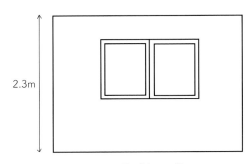

2.3m

8畳（約13㎡）

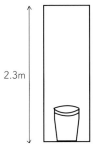

2.3m

トイレ（約1.1㎡）

6畳（約10㎡）の場合
・1面当たり約1.2〜1.7ℓ
・1部屋あたり約5.8ℓ

8畳（約13㎡）の場合
・1面当たり約1.7ℓ
・1部屋あたり約6.8ℓ

トイレ（約1.1㎡）の場合
・1面当たり約0.4〜0.7ℓ
・1部屋あたり約2.1ℓ

材料と道具

壁に塗料を塗るための材料と道具です。

材料

ミルクペイント for ウォール
室内壁用の水性塗料。ここでは「ブルームーン」の色を使用

道具

バット
塗料を入れる容器。塗装
面が広ければバケツ型
を使う

バケツ型

マスカー、
マスキングテープ
バットに敷いて塗料の付着
や乾燥を防ぐ

ローラー
塗料を塗るときに
使用する

ハケ（筋交いハケ）
壁の端や細部に塗料を
塗る

ビニール手袋
塗料が手に付くのを
防ぐ。粉が付いていな
いものがよい

COLUMN

ローラーの種類

ローラーは毛足の長さによって長毛、中毛、短毛に分けられ、塗装面によって使い分けます。長毛はブロックやレンガなどの凹凸のあるもの、中毛はビニルクロスや石こうボードの壁、短毛は家具の天板やチョークボードを塗るときに使用します。ここでは壁を塗るので、中毛のローラーを使います。

作業の流れ

次の順序で塗料を塗ります。

補修・清掃(P.19) ▶ 養生(P.15) ▶ **STEP 1** 塗料を用意する

▶ **STEP 2** 端部を塗る ▶ **STEP 3** 全体を塗る ▶ **STEP 4** 二度塗りをする

時間めやす

壁一面あたり
180分

塗料の塗り方

ここでは練習用のボードを使って、塗料の塗り方を説明します。

STEP 1 塗料を用意する

1 バットの上部にマスカーを貼って広げる。→ memo 1,2

2 しっかりとふたを閉めた状態で、塗料を30回ほど上下に振る。

3 塗料をバットに入れる。

memo 1

マスカーはバットの隅まで手で広げる。

memo 2

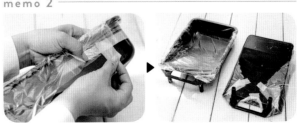

周囲のマスカーはじゃまにならないように、側面や底にマスキングテープで固定する。

STEP 2 端部を塗る

1 ハケを回して毛払いをする。
→ memo 3

2 ハケをさまざまな方向に動かして、塗料をたっぷり含ませる。塗料は根元まで入れないようにする。
→ memo 4

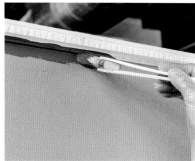

3 壁上部の端から、ハケを立てて水平に塗る。→ memo 5

4 コンセントなどがある場合は、養生をして周囲を塗る。→ memo 6

5 壁下側の端を塗る。

6 端を塗り終えたら、ハケに付いた塗料が乾かないように、マスカーやラップで巻いておく。

---

memo 3

飛び出てきた毛は引っ張って取り除く。

memo 4

紙に試し塗りをし、かすれなくなるまで塗料を含ませる。

memo 5

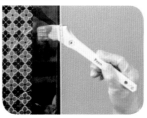

ハケは鉛筆と同じように持つ。

memo 6

壁以外に塗料が付いたら、乾く前にウエットティッシュでふき取る。

STEP 3 全体を塗る

1 ローラーをしごき、出てきた毛は取り除いて毛払いする。

2 ローラーを回転しながら塗料を含ませる。柄の部分に塗料が付かないように気を付ける。

3 しっかり塗料を含ませるとローラーが重くなり、見た目にも大きくなる。

4 壁の上部からW字状にざっと塗る。力を入れるとスジができるので、力を抜いてローラーを転がす。

5 W字で塗った範囲の塗料の厚みが平らになるように端から塗る。かすれてきたらローラーに塗料を含ませる。

6 同様にして全体を塗っていく。

7 全体を塗り終えたら、床から30cmほどの位置から下に向かって塗る。

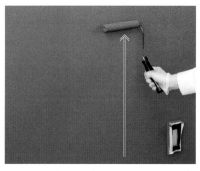

8 一番下まで塗ったら上まで塗り上げる。これを全面におこない、境目を消したら全体塗りが終了。

9 1〜2時間ほど置き、壁をさわっても手につかなくなるまで乾かす。塗料は乾かないようマスカーをかけておく。

1 1度目と同じようにハケで端部を塗り、ローラーで全体を塗る。

2 塗り終えたら、塗料が乾く前に上部から養生をはがす。マスキングテープは垂直に引っ張りながらはがす。

3 1〜2日しっかり乾かしたら完成。

COLUMN

塗料の後始末

・使わなかった塗料

塗料はふたをしっかり閉めて、風通しのよい冷暗所に片づけます。

・バットやバケツに残った塗料

残った塗料はマスカーにまとめるか、古新聞や古タオルにしみ込ませて、自治体指定の方法で処理します。元の容器に戻したり、排水溝に流したりしてはいけません。

・ハケとローラー

ハケやローラーに付いた塗料は、かすれるまで新聞紙や不要な紙に塗り付けます。そのあと水で洗い流し、水と中性洗剤をまぜたバケツに入れ、ハケは1日、ローラーは水を替えながら2〜3日つけておきます。

珪藻土を塗る

DIY初心者にはコテを使った珪藻土の
塗り方は、難しく感じるかもしれません。
しかし、仕上がりが完璧でなくても、
それを味わいとして楽しめる良さがあります。

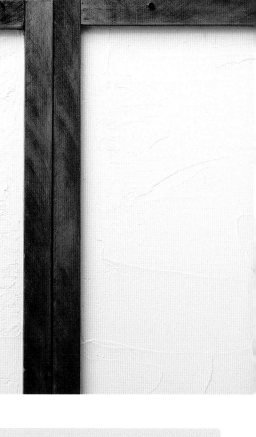

左官材の種類

珪藻土は左官材の一種です。左官材には漆喰や土壁、砂壁などもあります。

漆喰

消石灰に砂と海藻のり、スサなどを混ぜて水で
練った日本独自の材料で、古くから城郭や土蔵
などに使われてきた。現在でも外壁や屋内の
壁・天井などの仕上げや、石やれんがの接合な
どに用いられる。

土壁・砂壁

土壁は粘りのある土を塗って固めた壁のことで、
色によって聚落(じゅらく)壁や錆(さび)壁など
と呼ぶ。砂壁は色砂または光沢のある砂を混
ぜて上塗りした壁で、和の空間づくりに適して
いる。

珪藻土

珪藻土はプランクトンの死骸が海底などに堆
積してできる土のことで、その土にのりを加え
ると左官材になる。多孔質という性質から、湿
度調整や消臭効果があり、人に優しい素材とし
て人気がある。

セルフリノベで珪藻土を使う

漆喰と珪藻土は仕上がりが似ていますが、
漆喰は強アルカリ性です。最近はDIY向けの漆喰もありますが、
取り扱いには十分注意しましょう。珪藻土は漆喰に比べて
色が豊富なため、部屋のイメージに合わせた色を選べます。
ここで使用するのは練り済みの珪藻土です。
ビニルクロスの上から施工できますが
凹凸があると、表面にその模様が出てしまうことがあります。
石こうボードや板材の上から施工するときには、
継ぎ目を埋める処理をしてから塗りましょう。
水に弱いので、水回りの壁は避けたほうが無難です。

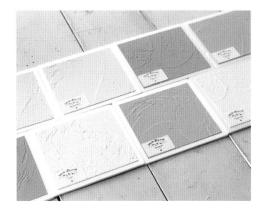

珪藻土必要量のめやす

天井高を2.3mとした場合の必要量のめやすです。幅木、天井廻り縁、窓やドアの面積は必要量から引きます。
ここで使用する珪藻土は、20kgで10〜15㎡の壁面を塗ることができます。

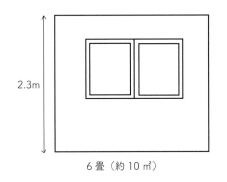

6畳（約10㎡）

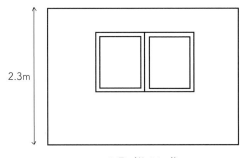

8畳（約13㎡）

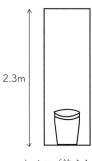

トイレ（約1.1㎡）

6畳（約10㎡）の場合

- 1面当たり約13〜17kg
- 1部屋あたり約60kg

8畳（約13㎡）の場合

- 1面当たり約17kg
- 1部屋あたり約68kg

トイレ（約1.1㎡）の場合

- 1面当たり約4〜7kg
- 1部屋あたり約22kg

※珪藻土は水がかかる場所にはおすすめしません

材料と道具

壁に珪藻土を塗るための材料と道具です。

費用めやす

材料 **10,000** 円
（壁1面10〜15㎡あたり）

道具 **4,000** 円

材料

珪藻土

練り済みの珪藻土を使用。
この珪藻土は保存料などの
添加物が入っていないため、
使用期限は1週間

道具

コテ

珪藻土をすくって
壁に塗る

盛板

珪藻土をのせる
台。片手で持つ

ひしゃく・スコップ

珪藻土を盛板にのせるときに
使用する

バケツ

水を入れておく。コテが
汚れたらその都度洗う

COLUMN

コテの種類

コテは先のとがったものが一般的ですが、左官職人は材質や形、仕上げ方が異なるさ
まざまなコテを適材適所で使い分けます。入隅（壁面が交差した内側の角）用や出隅（壁面が交
差した外側の角）用のコテもありますが、素人では扱いが難しいです。

作業の流れ

次の順序で珪藻土を塗ります。

補修・清掃(P.19) ▶ 養生(P.15) ▶ **STEP 1** 珪藻土を塗る準備

▶ **STEP 2** コテの扱い方 ▶ **STEP 3** 珪藻土を壁に塗る ▶ **STEP 4** 仕上げアレンジ

> 時間めやす
> 壁一面あたり
> **180分**

珪藻土の塗り方

ここでは腰壁上部の壁を使って珪藻土の塗り方を説明します。左利きの方は左右を逆に読み替えてください。

STEP 1 珪藻土を塗る準備

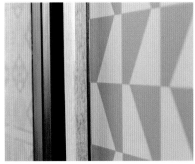 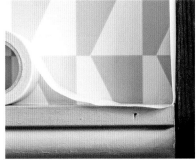 

1 養生するときは壁から珪藻土の厚み分（2mm程度）をあけて、マスキングテープを貼る。

2 角の部分が浮かないように、マスキングテープをしっかり指で押さえて貼る。→ memo 1

3 スコップで珪藻土をすくい、盛板の手前（角が丸くなっているほう）に盛る。→ memo 2

---

memo 1 ──

角が浮いたまま養生すると、きれいに仕上がらないので注意。

memo 2 ──

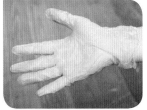

敏感肌の人は念のためビニール手袋を使用するとよい。

memo 3 ──

コテを逆さにするときも写真のように持ち替える。

memo 4 ──

盛板がぐらつかないように、ひじを体に当てて固定する。

STEP 2 コテの扱い方

1 コテの首を右手の人差し指と中指で挟み、柄に親指を添えて持つ。
→ memo 3

2 左手で盛板を持つ。→ memo 4

3 塗る分量の珪藻土をコテでざくっと切る。

4 そのままコテを前方にスライドさせる。

5 手首を外側に返すと同時に、盛板を立てて珪藻土をすくい取る。

6 珪藻土を塗るときはコテの面を斜めに浮かせて壁に塗っていく。面全体を壁に付けると、うまく動かせない。

COLUMN

上面に付いた珪藻土はすぐ洗う

珪藻土がコテの上面に付くと、乾いて下に落ちたり、塗っている壁の面を汚したりします。コテの上面が珪藻土で汚れたら、バケツに入れた水ですぐに洗うか、ふき取るようにしましょう。また、珪藻土は水に流したり、可燃ごみには出したりできません。バケツに残った珪藻土は上澄みの水だけ捨て、残りは自治体の指示に従って処分します。

STEP 3 珪藻土を壁に塗る

1 壁の左上から塗り始める。無理なく手が届く範囲(横70cm×縦50cm程度)を左から右に向かって塗る。

2 右端まで塗ったら少し左側にコテを戻し、コテを壁から離す。また左端から2mmくらいの厚みで塗っていく。

3 手順1の範囲を塗ったら端を塗る。左端はコテを縦に当てて、珪藻土を入れ込むように塗る。

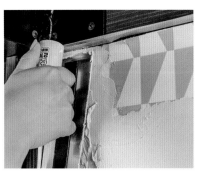

4 壁の左上の角はコテを逆さに持ち、コテの尻を使って珪藻土を入れ込む。
→ memo 3

5 上端はコテを横に当てて、珪藻土を入れ込む。

6 最初の部分塗りが完成。

7 同じように部分塗りを繰り返し、全体を塗っていく。右端、下端も珪藻土を入れ込むように塗る。

8 壁の右下の角はコテの尻を使って珪藻土を入れ込む。

9 全体を塗ったら、塗り残しや厚みの均一などを確認する。乾いた部分は霧吹きで濡らせば修正できる。アレンジをしなければここで塗りは終了。

STEP **4** 仕上げアレンジ

ARRANGE 1 ////////////

コテで表面をなでると、自然な線が描ける。

ARRANGE 2 //////////////////////////////

 ▶

コテを押し付けて表面に跡をつけ、軽く表面をなでると凹凸ができる。凹凸が多いと穴にホコリがたまりやすくなってしまうので注意する。

ARRANGE 3 ////////////

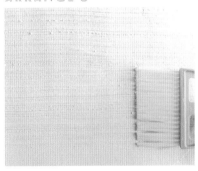

ホウキを水につけて軽く表面をなでると、和の雰囲気になる。

ARRANGE 4 ////////////

 ▶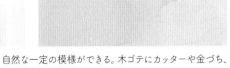

木ゴテに水をつけて軽く表面をなでると、自然な一定の模様ができる。木ゴテにカッターや金づち、やすりなどで傷を付けてから使うと、より味が出る。

〈 完成 〉

全体を仕上げたら、珪藻土が乾く前にマスキングテープをはがす。一気にはがすと珪藻土もはがれてしまうため、ゆっくりはがす。珪藻土が完全に乾くには3日くらいかかるので、部屋の換気をしながら乾かす。

板で腰壁を
つくる

木材を使った壁は、暖かみのある雰囲気を
演出します。ここでは、DIY初心者でも
手軽にできる合板を使った腰壁の
つくり方を紹介します。腰壁とは、
床面から腰の高さまでの壁のことです。

ここでつくる腰壁について

板壁には通常、「羽目板」を使用します。
羽目板とは、両側にサネ加工(P.59)を施した板のことです。
サネ同士をはめ込んで並べられるため、
板壁やフローリングなどに使用されます。
ここでは羽目板ではなく、手軽に用意できる
合板(P.70)を使って腰壁をつくります。
まず、合板の両側を斜めに面取りして、
両面テープで壁に張ります。その上部に両面テープと
かくし釘でモールを固定するだけなので、
かんたんに腰壁がつくれます。

板の向きで雰囲気が変わる

板を縦に張るか横に張るか、塗装するかしないか、一面に張るか腰壁にするかで、
部屋の雰囲気が変わります。板を縦に張ると、縦のラインで天井が高く見えます。
横に張ると、部屋に奥行き感が出ます。空間の広さをどのように見せたいかによって、板を張る方向を選びましょう。

縦に張った板

横に張った板

木材必要量のめやす

長さ860mm×幅92mm×厚さ3mmの板を縦に張って、腰壁をつくる場合の必要量のめやすです。
窓やドアの面積は必要量から引きます。

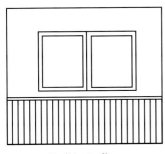
6畳（約10㎡）

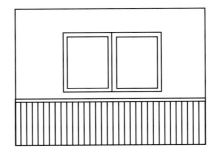
8畳（約13㎡）

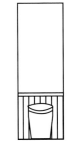
トイレ（約1.1㎡）

6畳（約10㎡）の場合
・1面当たり約30〜40枚
・1部屋あたり約140枚

8畳（約13㎡）の場合
・1面当たり約40枚
・1部屋あたり約160枚

トイレ（約1.1㎡）の場合
・1面当たり約9〜16枚
・1部屋あたり約50枚

※板壁は水がかかる場所にはおすすめしません

材料と道具

腰壁をつくるための材料と道具です。

材料

ラワン合板
（長さ860㎜×幅92㎜×厚さ3㎜）
腰壁の板材として使う

オールドウッド
ワックス
合板に塗る塗料

モール（長さ1200㎜×幅40㎜）
腰壁の上部に取り付ける装飾材

かくし釘
モールを固定する。
ここでは3本使用

道具

コンベックスメジャー
腰壁の取り付け位置を採寸する

両面テープ
合板を壁に固定する。
「超強力」と表示され
たものがよい

角面取りカンナ
合板の両端を面取りする

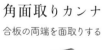

ウエス
塗料を合板に塗るときに使用

サンダー
塗装前に合板の表面を削る

キリ
モールにかくし釘の下穴をあける

玄能（げんのう）
モールにかくし釘を打つ

作業の流れ

次の順序で腰壁をつくります。

補修・清掃 (P.19) ▶ STEP 1 板材を用意する ▶ STEP 2 腰壁を張る

時間めやす

壁一面あたり
180分

腰壁のつくり方

腰壁のつくり方を説明します。

STEP 1 板材を用意する

1 コンベックスメジャーで腰壁を張る場所を採寸し、割り付けを考える。

2 角面取りカンナで用意した合板の長手方向の両端を面取りする。
→ memo 1

3 合板の塗装前にサンダーで板の表面を削る。

4 ウエスにオールドウッドワックスをとり、合板の木目に沿って塗る。溝にもしっかりと塗り込み、モールにも塗る。

5 ワックスが乾いたら合板を裏返して、両側に両面テープを貼る。

memo 1

目地がはっきりわかるように、斜めに面取りをする

STEP 2 腰壁を張る

1 合板の両面テープのはくり紙をはがし、壁の端から板を張る。

2 順番に合板を張っていくが、この段階では動かせるようにふわっと張る。

3 張り終わりの材は必要があればカンナをかけて幅を調整する。すべて貼り終わったら、合板を押して圧着する。

4 モールの裏側に両面テープを貼り、合板上部の壁に張る。

5 合板の板3枚ごとに1つの間隔で、キリでモールに下穴をあける。

6 下穴をあけた位置にかくし釘を打つ。

7 かくし釘の頭を横から玄能でたたき飛ばす。

8 釘が見えなくなる。

9 すべてのかくし釘の頭を飛ばしたら、腰壁が完成。

Chapter 2

床のセルフリノベ

床は常に足で触れる場所です。デザインだけではなく
部屋の用途や足ざわりを考慮して、材料を選びましょう。
この章では、クッションフロア、フロアタイル、フローリングの
張り方を説明します。いずれも元の床の上に張れる材料を使います。

床リノベをはじめる前に

床リノベをはじめる前に、床仕上げの種類などについて説明します。
壁と同じように、本書で紹介する床リノベは、元の床の上に重ねて張れる材料を使っています。
元の床に大きな穴や段差がある場合は、ここで紹介する床リノベはできません。

床仕上げの種類

床の仕上げ材には次のようなものがあります。

クッションフロア

クッション性があるシート状の塩化ビニル系床材で、つなぎ目のない床面をつくることができる。耐水性に優れ、汚れが付きにくい。→クッションフロアの張り方は P.50

フロアタイル

塩化ビニル素材でできたタイル状の床材で、木目調や石目調のものがある。耐久性と耐水性に優れ、店舗の床などによく使用される。→フロアタイルの張り方は P.57

フローリング

木質系の床材で、無垢の一枚板を加工した「単層フローリング」と薄く切った単板を貼り合わせた「複層フローリング」がある。→フローリングの張り方は P.63

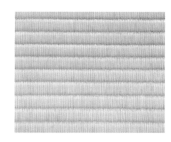

畳（たたみ）

日本の伝統的な床材で、おもに和室に用いられる。表面はい草でつくられていて、通気性や保温性、遮音性に優れ、素足にやさしい素材。

COLUMN

その他の床仕上げ材

床仕上げ材には、カーペットや陶磁器のタイルなどもあります。カーペットは遮音性や安全性が高く、高齢者や子供のいる空間に向いていますが、最近では手軽なラグや置き敷きのものが主流になっています。
陶磁器のタイルは浴室やトイレの床によく使われていましたが、ユニットタイプのバスルームが増えてきたため、このような水回りに使われることは減ってきています。

カーペット

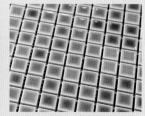

タイル（陶磁器）

ここで紹介する床仕上げ材

次ページからクッションフロア・フロアタイル・
フローリングの施工方法を紹介します。
床仕上げの変更も壁と同じく、本来は
元の仕上げ材をはがしてから施工しますが、
ここでは釘や強力な接着剤を使わずに、
元の床に重ねて張れる材料を使います。
手軽ゆえに簡易な施工になるため、
定期的なメンテナンスが必要です。
元の床が畳やカーペットだったり、
床に大きな損傷や段差がある場合などは、
重ねて張る施工はできません。

フローリング材を床に張る

重ね可能な仕上げ材の組み合わせ※1

元の床 ＼ 新しい床	クッションフロア	フロアタイル	フローリング
クッションフロア※2	△	△	△
フロアタイル	○	○	○
フローリング	○	○	○

※1　この表の限りでない場合もあります。使用材料の説明書
を確認してからご使用ください。

※2　クッションフロアに重ねて施工すると、床踏み込み時に
沈む感触が出ることがあります。

作業前の清掃

ここで紹介する床リノベでは、
下地調整などはおこないません。
作業前に掃除機やフロア用掃除道具で
ごみやほこりを取り除きます。汚れがひどいときは、
壁と同じように中性洗剤などで
水ぶきしておきましょう。

クッション
フロアを張る

クッションフロアはやわらかくて
衝撃に強い床材です。
洗面所やトイレなどの水回りの床に
よく使用されます。
ここでは、トイレの床にクッションフロアを
張る方法を紹介します。

クッションフロアとは

クッションフロア(CFシート)は
塩化ビニル素材でできたシート状の床材です。
厚さは1.8〜3.5mm程度のものが多く、表面と裏地の間に
発泡塩化ビニルの緩衝材が挟まれているので、
弾力性があり、耐衝撃性が高いのが特徴です。
水に強く、汚れを落としやすいので、
おもに洗面所やトイレ、キッチンなどの水回りの床に
用いられます。柄のパターンも豊富なため、
部屋の印象を大きく変えることができます。

クッションフロアを張る床について

プロの仕事では、元の床材をはがしてから
クッションフロアを強力な接着剤で固定しますが、
ここでは原状回復できるように、
クッションフロア専用の両面テープを使って
元の床に重ね張りする方法を紹介します。
元の床が畳やカーペット以外なら
基本的に重ね張りが可能です。
ただし、コンクリートやモルタルの床では
テープの接着力が弱くなる可能性があります。
タイルなどの凹凸のある床は、あらかじめ
面を均一にする処理が必要です。
また、元の床に重ねて張ると、床の高さが上がります。
ドアや引戸などの開閉に支障がないか、
確認してから始めましょう。

クッションフロア必要量のめやす

幅182cmのクッションフロアを使用し、5cm程度の切りしろを加えた場合に必要な長さを算出しています。
クッションフロアを敷く方向によっても必要量が変わります。

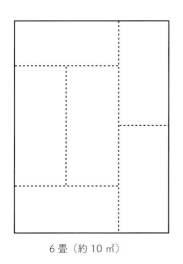

6畳（約10㎡）

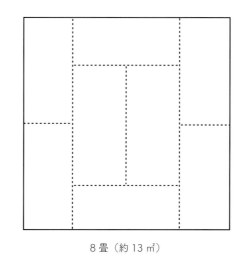

8畳（約13㎡）

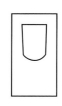

トイレ（約1.1㎡）

6畳（約10㎡）の場合
・約8m

8畳（約13㎡）の場合
・約12m

トイレ（約1.1㎡）の場合
・約1.5m

材料と道具

クッションフロアを張るための材料と道具です。

材料

クッションフロア

ここではワークショップ用の木枠に合わせた大きさで用意

道具

カッター
厚手の素材が切れるカッターを用意する

幅定規
カット位置の折り目付けやカッターのガイドとして使う

コンベックスメジャー
床を採寸する

鉛筆
クッションフロアに印をつける（墨付け）

スクレッパー
細かい部分のカットで使う

両面テープ
クッションフロアを固定する。専用のテープを用意

作業の流れ

次の順序でクッションフロアを張ります。

清掃（P.49） ▶ **STEP 1** 床の形に切る ▶ **STEP 2** 便器回りをカットする

▶ **STEP 3** 入隅をカットする ▶ **STEP 4** 壁に沿ってカットする

クッションフロアの張り方

ここでは、ワークショップで使用しているトイレに見立てた木枠を使って解説します。

STEP 1 床の形に切る

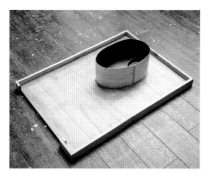

1 コンベックスメジャーで床の幅と奥行き、入り口、壁から便器取付け位置の先端までの寸法などを測る。
→ memo 1

2 手順1で測った床面の周囲に5cmの切りしろを加えた大きさで、クッションフロアをカットする。

3 切りしろに合わせて床にクッションフロアを敷き、手前に折り返す。折り返し部分を便器先端に合わせ、床から約2cmの位置に鉛筆で印をつける。

4 印をつけた位置にカッターを刺し、手前に向かってまっすぐカットする。
→ memo 2

5 便器を入れる切れ込みができたら、いったんクッションフロアをはずす。

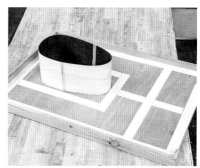

6 壁際と便器回り、入り口、便器と入り口の中間位置に両面テープを貼る。仮留め用に便器と入り口を垂直に結ぶテープを貼っておく。

7 便器の先端と手順4の切り込みの先端の位置を合わせる。

memo 1

壁から便器先端までの寸法は便器の横にメジャーを置いて測る。

memo 2

クッションフロア表面は刃がすべって切りづらいので裏面から切る。

53

⑧ 片側の壁の端がまっすぐになるように位置を合わせる。

⑨ 便器と入り口を垂直に結んだ仮留め用両面テープのはくり紙をはがす。

⑩ 表面から軽く押さえて仮留めする。

STEP 2 便器回りをカットする

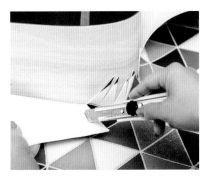

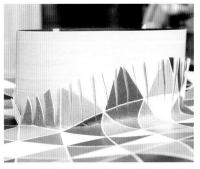

1 便器の先端から形に沿って山型に切り込みを入れる。

2 先端のカーブがきつい部分は1cm間隔、後方のゆるやかな部分は2〜3cm間隔で切り込みを入れる。

3 幅定規を便器に沿って押し当てて折り目をつける。

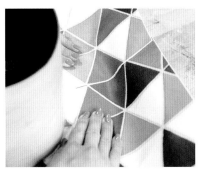

4 幅定規を当てて便器回りを大まかにカットする。→ memo 3

5 便器回りの両面テープのはくり紙をはがす。便器裏側でSTEP1手順5で入れた切り込みを合わせて固定する。→ memo 4

6 スクレッパーで床側を押さえて便器回りの細かい部分をカットして仕上げる。→ memo 5

STEP 3 入隅をカットする

1 入隅のクッションフロアを角に合わせて折り込む。→memo 6

2 折り込んだ先端に鉛筆で印をつける。

3 印をつけた位置で角を落とすようにカットする。同じように四隅すべてをカットする。

STEP 4 壁に沿ってカットする

1 幅定規を壁に押し当てて折り目をつける。

2 幅定規を当てて大まかにカットする。カッターの刃は幅定規の斜面に添わせる。

3 壁際の両面テープのはくり紙をはがしてクッションフロアを固定し、スクレッパーを押し当てる。

---

memo 3

カッターの刃を立て、幅定規の斜面に添わせてカットする。

memo 4

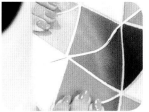

柄がずれないように合わせてから固定する。

memo 5

このときもカッターの刃を立ててカットする。

memo 6

折り込んだところを手前から見ると、このようになる。

4 スクレッパーで押さえて細かい部分をカットする。一辺を仕上げたら便器と入り口の中間位置にある両面テープのはくり紙をはがして固定する。

5 手順1〜4と同様にして残りの壁際もカットする。入り口の凹凸部分は凸に沿って縦にカットする。

6 写真のような細かい部分の処理は、幅定規ではなくスクレッパーで押さえてカットする。

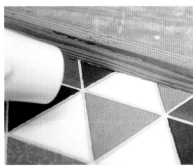

7 クッションフロアを折り曲げた部分にできたしわは、ドライヤーで温めて伸ばす。

8 すべての壁面と入り口をカットし、両面テープで固定したら完成。

COLUMN
きれいに仕上げるためには、練習が必要

トイレにクッションフロアをきれいに張るのは、プロでも難しい作業です。
便器の形状はさまざまですし、実際に壁があると便器の奥やタンクの下はせまく、思ったようにクッションフロアを扱えません。きれいに仕上げられるようになるには、やはり練習が必要です。

トイレや玄関などの狭い範囲なら、練習用に多めにクッションフロアを用意しておくことをお勧めします。本番前に何度か挑戦してみてください。苦手な部分がわかれば、そこを集中的に練習してみるとよいでしょう。
練習で張ったクッションフロアは型紙として使用すると、スムーズに作業できます。

フロアタイルを張る

フロアタイルは傷や水、汚れに強い床材です。
タイルをきっちり敷きつめられるようにあらかじめ
割り付けを考えておけば、特別なテクニックがなくても
かんたんに張ることができます。

フロアタイルとは

フロアタイルは塩化ビニル素材でできたタイル状の床材です。
表面に木材調や石目調のテクスチャがリアルな質感で
プリントされています。土足でも傷が付きにくく、
耐久性が高いことから、店舗の床によく利用されています。
その一方で硬く冷たいので、素足で過ごす場所にはあまり向きません。
シート状の床材と異なり、一枚一枚を張り合わせるため、
部分的な張り替えが可能です。
ここでは接着剤が不要なフロアタイルを使うため、
基本的にどんな床の上でも施工できます。

フロアタイルの張り方

フロアタイルの張り方には2通りあります。フローリングも同じです。
ここでは、乱張りでフロアタイルを張ります。

乱張り

1列分張った余りを次の列で使う張り方。
むだになる部分が少なくすむ。

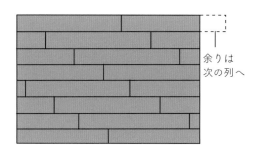

余りは
次の列へ

レンガ張り

中心を測って均等に割り付ける張り方。
列ごとに半分にずらして張る。

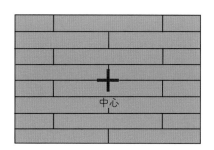

中心

フロアタイル必要量のめやす

長さ1280mm×幅180mm×厚さ5mmのフロアタイルを乱張りで張る場合の必要量のめやすです。
幅定規（P.60）用に別途1枚が必要です。カットをまちがえたときのために
計算した枚数よりも多めに用意しましょう。トイレは便器回りのカットが難しいため、ここでは対象外にします。

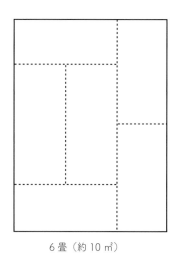

6畳（約10㎡）

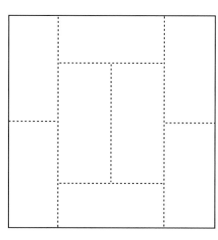

8畳（約13㎡）

6畳（約10㎡）の場合

・約44枚

8畳（約13㎡）の場合

・約58枚

材料と道具

フロアタイルを張るための材料と道具です。

材料

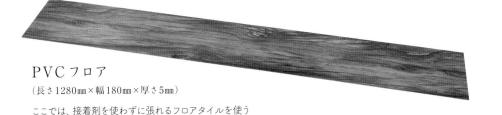

PVCフロア
（長さ1280㎜×幅180㎜×厚さ5㎜）

ここでは、接着剤を使わずに張れるフロアタイルを使う

道具

ペンチ
細かい部分を折るときに使用する

コンベックス
メジャー
床を採寸する

カッター
フロアタイルに切り込み
を入れる。厚手の素材が
切れるカッターと替刃を
用意しておく

COLUMN

フロアタイルのサネ

フロアタイルは、周囲にサネがあります（写真グレーのゴム部分）。
サネとは板材の周囲についている凹凸のことで、
板材をつなぎ合わせるときに、かみ合わせて
ずれないようにする役割があります。
このサネは次で紹介するフローリング材にもあります。

作業の流れ

次の順序でフロアタイルを張ります。

清掃（P.49） ▶ **STEP 1** 割り付けと幅定規の用意

▶ **STEP 2** フロアタイルを張る ▶ **STEP 3** 張り終わりの処理

時間めやす

床一面あたり
180分

フロアタイルの張り方

フロアタイルを張る方法を説明します。

STEP 1 割り付けと幅定規の用意

1 コンベックスメジャーで床を測って必要枚数を計算する。

2 フロアタイルを床に仮置きして割り付けを考える。→ memo 1

3 フロアタイルのうち、1枚のサネをすべてカットして幅定規にする。
→ memo 2

---

memo 1

乱張り（P.58）にするので、列最後のカット分を考慮しながら、ずらして割り付ける。最後の列幅もおおよそで確認しておく。

memo2

幅定規は材料をカッターで切るときのガイドとして使う。

STEP 2 フロアタイルを張る

1 1列目の壁に突きつける側のサネはすべてカットしておく。左端に1枚目を置く。

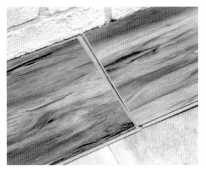

2 2枚目はサネを合わせて斜め45度からはめ込む（手順5参照）。続けて1列目を張っていく。

幅定規

3 1列目の最後はその前のタイルの上にぴったり重ねて置く。幅定規を壁の端に合わせて一番上に置き、左側に沿ってカッターで切り込みを入れる。
→ memo 3

4 切り込みを入れた部分をゆっくり曲げて折る。

5 カットした側を壁側にして端にはめ込む。1列目が完成。

6 カットして余った部分を2列目の最初に敷く。

7 手順2〜6を繰り返し、2列目以降をすき間があかないように張っていく。
→ memo 4

memo 3

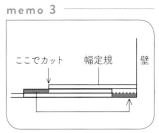

ここでカット　幅定規　壁

最後から2枚目、最後の1枚、幅定規の順で下から重ねる。図のグレーの部分が右端のタイルになる。

memo 4

はめ込む際にサネをたたくと破損するので注意する。サネが破損したタイルは使用しない。

幅定規

1 最後の列に敷くタイルをその前に敷いた列のタイルの上に重ねて置く。その上に幅定規を壁に合わせて置く。

2 幅定規をガイドにして、重ね置きしたタイルにカッターで切り込みを入れて割る。

3 割ったタイルのカットした側を壁側にして端にはめ込む。同様にして最後の列を張る。

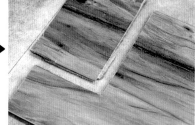

4 壁に凹凸がある場合は、形に合わせて切り込みを入れる。手で曲げて折れない部分は、ペンチを使って折る。

5 フロアタイルの床が完成した。

フローリングを張る

住宅の床仕上げで人気が高いフローリング。
無垢のフローリングは、自然の美しい木目や肌触り、
木の香りなどを楽しむことができます。
ここでは、釘を使わないフローリング材を使います。

ここで使う
フローリング材について

床をフローリング仕上げにするには、床に合板を張って下地をつくり、
その上に接着剤と釘でフローリング材を固定します。
DIY初心者にとってハードルが高いうえに、
賃貸など原状回復をしなくてはならない場所には不向きです。
ここでは、釘や接着剤を使わずに、サネをはめ込んでいくだけで
施工できるフローリング材「ユカハリ・フローリング ジカバリ すぎ」を
使用します。裏面にゴムシートが貼られているので、
床鳴りの心配もありません。
元の床が畳やカーペット以外なら重ねて施工できますが、
クッションフロアなど塩ビ製の素材の場合は
変色する可能性があるため、紙を敷くなどの事前準備が必要です。

フローリング材に使われる樹種

無垢のフローリング材に使われる樹種は、スギやヒノキ、パインなどの針葉樹と、
ナラやクリ、チークなどの広葉樹に分けられます。
針葉樹はやわらかくて加工しやすいうえに安価であるため、DIY に向いています。
広葉樹はかたくて丈夫な材が多く、針葉樹より比較的高価です。
また、広葉樹はそのかたさゆえに、のこぎりで切るような加工には向いていません。

樹種	名称	原産	特徴
針葉樹	スギ	日本	やわらかく加工しやすい、割れやすい、木目が鮮明、独特の香りがある
	ヒノキ	日本	くるいが少なく加工性がよい、独特の強い芳香がある
	パイン	北米、ヨーロッパ	白色寄りの明るい色、やわらかい、比較的節が多い
広葉樹	ナラ	日本、中国	かたく弾力がある、割れやすい
	チーク	東南アジア	耐水性がある、黄金色がかった濃い茶褐色

フローリング必要量のめやす

長さ900mm×幅100mm×厚さ13.5mmのフローリング材を乱張り(P.58)で張る場合の
必要量のめやすです。カットをまちがえたときのために計算した枚数よりも多めに用意しましょう。
トイレは便器回りのカットが難しいため、ここでは対象外にします。

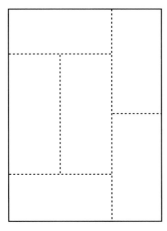

6畳（約10㎡）

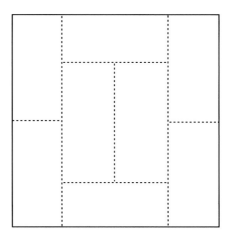

8畳（約13㎡）

6畳（約10㎡）の場合

・約108枚

8畳（約13㎡）の場合

・約144枚

材料と道具

フローリングを張るための材料と道具です。

材料

フローリング材
（長さ900㎜×幅100㎜×厚さ13.5㎜）

ここでは、釘と接着剤を使わない
フローリング材を使う

道具

コンベックスメジャー
床を採寸する

さしがね
採寸や墨付けのとき
に使用する

のこぎり
フローリング材をカットする。ここで
は、横挽き刃と縦挽き刃を使用する

紙やすり
カット面の微調整で使用す
る。ここでは180番を使う

木材（端材）
フローリング材を
はめ込むときに使う

クランプ
フローリング材をカット
するときに台に固定する

両面テープ
張り終わりの材を
固定する

COLUMN

のこぎりの刃の種類

のこぎりには、木目に対して
垂直に切るときに使用する「横挽き刃」と、
木目に対して平行に切るときに使う「縦挽き刃」があります。
横挽き刃は刃先が細かく、それぞれの刃先が
左右交互にやや外側に開いているのが特徴です（右写真）。
刃の左右の広がり部分を「アサリ」といいます。

作業の流れ

次の順序でフローリングを張ります。

時間めやす
床一面あたり
180分

清掃(P.49) ▶ STEP 1 1列目を張る ▶ STEP 2 2列目以降を張る ▶ STEP 3 張り終わりの処理

フローリングの張り方

フローリングを張る方法を説明します。フロアタイルと同じ乱張りです。

STEP 1 1列目を張る

1 メジャーで床を測って必要枚数を計算する。部屋の右奥からフローリング材を仮置きして割り付けを考える。→memo 1

2 右奥に1枚目を置いたら、2枚目のサネ部分をはめ込みながら並べる。同様にして1列目を張っていく。

3 1列目最後のフローリング材は壁の端に合わせ、左右を逆向きにして少し下に置く。その前の材の終わりの位置にさしがねを当てて線を引く。

memo 1

無垢材は色柄が一定ではないので、見た目のバランスも取る。

COLUMN

フローリングの端の処理

1列目を仮置きしてみて、部屋の左端の余りが200mmより短いと見た目も悪く、外れやすくなります。このような場合は張りはじめ(右端)の板のほうをカットして、左端の余りが200mmより長くなるよう調整します。

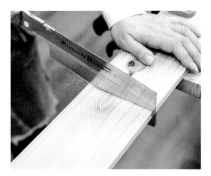

4 横挽き刃ののこぎりでカットする。
→ memo 2,3

5 カットしたフローリング材を端にはめ込む。

6 カットしたフローリング材が入らなければ、紙やすりで削って調整する。

STEP 2 2列目以降を張る

1 カットして余ったフローリング材を2列目の最初に敷く。続けて2枚目をはめ込む。

2 すき間を埋めるために横から木材でたたく。→ memo4

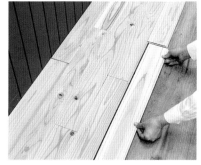

3 手順1〜2を繰り返して2列目以降を張っていく。列の最後はSTEP 1の手順3〜6と同様にして張る。

memo 2

フローリング材はクランプで机に固定する(P.74)。

memo 3

切り始めはのこぎりの側面を親指の爪で固定して、刃を真上から入れる。切り込みができたら、指はすぐ離す。

memo 4

梅雨時期は木が膨張しているので、しっかりとたたく。

STEP **3** 張り終わりの処理

1 最後の列は幅が合わないことが多い。フローリング材を壁に当てて置き、最後の列の幅に合わせて、カット位置にさしがねで印を付ける。

2 手順1でつけた印を使って、カット位置にさしがねで線を引く。
→ memo 5

3 フローリング材をクランプで机に固定し、縦挽き刃ののこぎりで線に沿ってカットする。→ memo 6

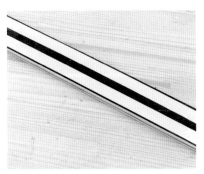

4 最後の列は両面テープで固定する。カットしたフローリング材の裏側に両面テープを貼ってはくり紙をはがす。

5 カットしたフローリング材を最後の列にはめ込む。入らなければやすりで削って調整する。

6 手順1〜5を繰り返して最後の列を貼ると、フローリングの床が完成。

memo 5

材の端に目盛りを合わせ、ずらしていけばまっすぐな線が引ける。

memo 6

木目に沿って切るので、ここでは縦挽き刃を使う。

Chapter 3

収納家具の
セルフリノベ

木工ができると、オリジナルのサイズで家具がつくれます。
この章では、棚の取り付け方法、TVボードやすき間ワゴンなどの
収納家具のつくり方、家具を装飾するタイル貼りや塗装方法を紹介。
どれも収納家具製作の基本なので、おぼえてしまえば応用は無限大です。

木工の基礎知識

ここからは棚や収納家具などを木工で作成します。
はじめて木工に挑戦する方は、ここで材料となる木材や工具、その使い方をおぼえておきましょう。

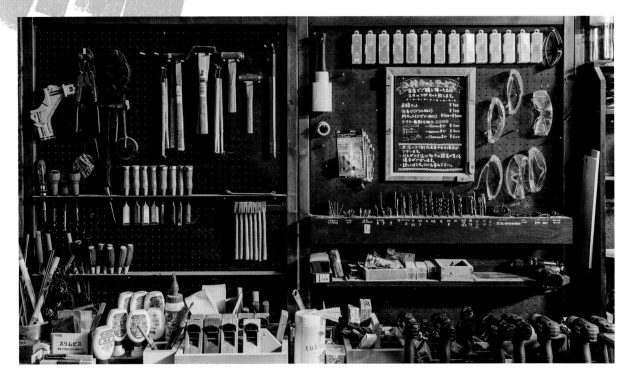

板材の種類

木工で使用する板には、無垢材、集成材、合板があります。

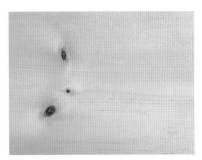

無垢(むく)材

無垢材は、丸太から必要な寸法に切り出した木材。天然木本来の風合いを持つが、割れやひびなどが入りやすい。調湿作用を持ち、湿気の多い日は水分を吸収して膨らみ、乾燥している日は水分を放出して縮む。

集成材

集成材は、角材を貼り合わせて板状にした木材。パインや赤松、タモなどが使用される。無垢材に比べて反りや縮みなどが少なく、大型の家具製作によく使われる。表面の仕上げが美しいため、棚や机の天板などにも利用される。

合板(ごうはん)

合板は、薄い板を木目の方向が直交するように交互に重ねて接着した木材。一般的にラワン材が使用される。安価で強度が高いが、表面がざらざらしているため背板や底板など目につかない場所に利用されることが多い。

ワンバイ材・ツーバイ材とは

DIYでよく使われる「ワンバイ材・ツーバイ材」は、
木材の規格サイズによる通称です。2×4（ツーバイフォー）材なら、
厚さが2インチで幅が4インチという意味ですが、
ミリメートルの規格では厚さ38mm×幅89mmになります。
1インチは25.4mmなので計算が合いませんが、
木材の乾燥による収縮を加味したサイズといわれています。
長さはフィート単位で用意され、DIYでは
910mm（3フィート）と1820mm（6フィート）がよく使われます。
樹種はスプルースやパイン、ファーが用いられ、
これらの頭文字をとって「SPF材」と呼ばれます。

1×6のSPF材

ワンバイ材・ツーバイ材のサイズ

ワンバイ材	厚さ×幅（mm）	ツーバイ材	厚さ×幅（mm）
1×4（ワンバイフォー）	19×89	2×4（ツーバイフォー）	38×89
1×6（ワンバイシックス）	19×140	2×6（ツーバイシックス）	38×140
1×8（ワンバイエイト）	19×184	2×8（ツーバイエイト）	38×184
1×10（ワンバイテン）	19×235	2×10（ツーバイテン）	38×235

木材のカットと木取り図

ホームセンターで販売されている木材は、
上記のように規格サイズで売られてるので
必要な寸法に合わせてカットします。木材は
購入したホームセンターでカットしてくれますが、
どのくらいの寸法でどう切るのかを説明しなくては
なりません。そのときに役立つのが「木取り図」です。
木取り図は、各材料の切り出し位置を書いたものです。
たとえば、P.76の収納ボックスなら、右のような
木取り図になります。このような図が描けると
木材のカットがスムーズに進みます。

1×6 SPF材 1820mm

A	A	B	B	
300	300	262	262	

298

ラワン合板 910mm×1820mm

298

C

基本の木工道具

DIY 初心者が初めにそろえておきたい木工道具を紹介します。
電動工具など値の張るものは、ホームセンターの工具レンタルや
DIY ショップのレンタルスペースを利用するのもよいでしょう。

測る道具

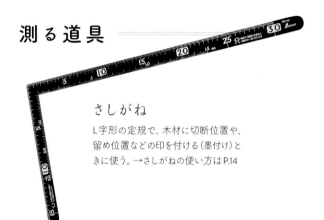

さしがね

L字形の定規で、木材に切断位置や、
留め位置などの印を付ける（墨付け）と
きに使う。→さしがねの使い方は P.14

削る道具

かんな

木材の面や角を削ってなめ
らかにする。小型の豆かんな
は細かい加工をするときに
役立つ。

切る道具

あると便利！

のこぎり

木目と同じ方向に切る「縦挽き刃」と、
木目を横に切断する「横挽き刃」があ
る。横挽き刃は「中細目」が一般的で、
きれいな切り口にしたい場合は「細目」
を使う。

ジグソー

電動のこぎりの一種で
直線だけでなく、曲がっ
た線も切断できる。刃に
は木材用、金属用など
があり、直線と曲線でも
ちがう刃を使う。使用時
には目を守るため、ゴー
グルなどを着用すること。

固定する道具

木工用接着剤

家具などをつくるときに、釘
や木ねじで固定する前に木
工用接着剤を使うと、強度
が増す。

クランプ

ねじ締めなどをするときに木
材を机に固定する道具。接
着剤をつけた部材を挟んで
圧着するという使い方もで
きる。
→クランプの使い方は P.74

穴あけ・ねじ締めの道具

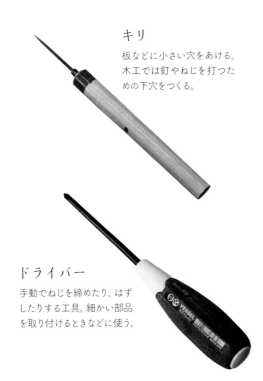

キリ

板などに小さい穴をあける。木工では釘やねじを打つための下穴をつくる。

ドライバー

手動でねじを締めたり、はずしたりする工具。細かい部品を取り付けるときなどに使う。

電動ドリルドライバー

穴あけやねじ締めを電動でおこなう工具。少ない力で効率よく作業できる。先端に差し込むビットを付け替えれば、さまざまなサイズの穴あけやねじ締めが可能。
→電動ドリルドライバーの使い方はP.75

上級者向け！

インパクトドライバー

電動ドリルドライバーと同じ用途だが、回転時に打撃の力が加わるのでねじをより速く強く締めることができる。慣れないと木材を割ってしまったり、ねじをつぶしたりしてしまうので、工具の扱いに慣れてから使用するとよい。

釘打ちする道具

玄能（げんのう）

金づちの一種で頭の片方が平面、もう片方が凸状の曲面になっている。平面で釘を打ち、曲面で仕上げ打ちをすると、木材を傷つけずにすむ。

表面を仕上げる道具

紙やすり

紙状のやすり。裏面に書かれた数字（番手）が大きいほど目が細かく、なめらかに仕上がる。端材に紙やすりを巻くと、細かい部分のやすりがけに便利。

サンダー

布やすりを取り付けて木材を研磨する電動工具。短時間で広い面を処理できる。
→サンダーの使い方はP.74

おもな工具の使い方

クランプ、サンダー、電動ドリルドライバーの使い方を説明します。

クランプ

- ボタン
- ハンドル
- アゴ
- トリガー

1 ボタンを押しながらハンドル部分を動かすと下のアゴが上下に移動できるので、締め付けの幅を調整する。

2 木材と固定する場所をはさんだら、トリガーを引いて締め付け、固定する。

COLUMN

アゴはまっすぐに

上下のアゴの位置がずれていると木材が斜めの状態で固定されてしまうので、まっすぐ固定するように注意しましょう。大きめの木材を固定するときは、クランプを2〜3個使います。

サンダー

1 布やすりを1/6の大きさにカットし、たわまないようにサンダーに取り付ける。

2 スイッチを入れて木目に沿ってなでる。

COLUMN

サンダーの使用は15分以内で！

サンダーを15分以上連続使用すると、モーターに負担がかかって焼けてしまったり、手がしびれてしまったりします。15分以上使用したいときは、使用した時間と同じだけサンダーを休ませるか、別のサンダーに変えましょう。

電動ドリルドライバー

クラッチダイヤル
締め付けトルク（締め付けの力）を調節できる。数字が大きいほど強くねじ締めできる。ドリルマークは穴をあけるときに使う

シフトノブ
回転速度をHIGHかLOWに切り替える

スリーブ
回転してビットの差込口を締めたり緩めたりする

正逆転ボタン
押すと回転の向きが変わる。ねじ締めや穴あけのときは正回転、ねじを緩めたり、木からドリルを抜くときは逆回転にする

スイッチ
引くとドリルドライバーが動き、放すと止まる

おもなビット

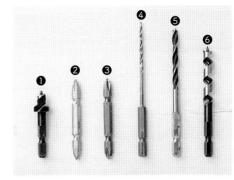

❶ダボ錐：ダボ穴をあける
❷ドライバービット1：細いねじ用
❸ドライバービット2：一般的なドライバービット
❹下穴ビット 3mm：下穴をあける
❺ドリルビット 5mm：取っ手などの取付け時に使用
❻ドリルビット 8mm：ジグソーで板をくり抜くための穴をあける

穴をあける

1 スリーブをゆるめ、ドリルビットを入れて締める。一度スイッチを入れて回転させ、まっすぐに入っているか確認する。

2 クラッチダイヤルを回してドリルマークに合わせる。シフトノブを「HIGH」に切り替える。

3 端材を敷きドリルを垂直に当てスイッチを入れる。貫通したら正逆転ボタンを押して逆回転させ、ドリルを抜く。

ねじを締める

1 スリーブをゆるめ、ドライバービットを入れて締める。スイッチを入れて回転させ、まっすぐに入っているか確認する。

2 クラッチダイヤルを回して締め付けトルクを「1」にする。シフトノブを「LOW」に切り替える。

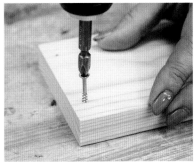

3 ねじとドリルを垂直に当て、ねじが自立するまで軽く締める（ねじ立て）。締め付けトルクを調節しながら打ち込む。

収納ボックス
をつくる

最初にかんたんな収納ボックスを
つくってみましょう。墨付けや下穴あけ、
道具の使い方といった木工の基本が
習得できます。

完成図と用意する木材

ここでは次の寸法の収納ボックスをつくります。
アルファベットは、木材の記号に対応しています。

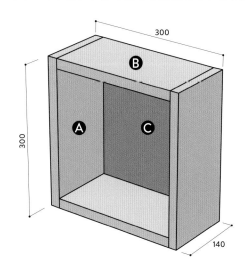

300

300

140

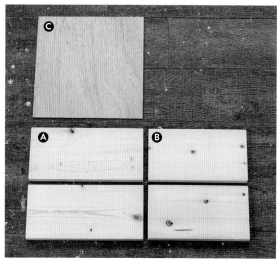

木材
Ⓐ SPF材（1×6）：300mm　2枚
Ⓑ SPF材（1×6）：262mm　2枚
Ⓒ ラワン合板：298×298mm　1枚

材料と道具

収納ボックスをつくるための道具と木材以外の材料です。

材料

35㎜スリムビス
🅐と🅑の木材を留める。
ここでは8本使用

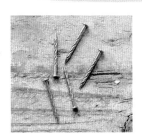

19㎜スクリュー釘
🅒の木材と枠を留める。
ここでは8本使用

道具

電動ドリルドライバー
穴あけやビスの取付けに使用する。
ドライバービットと下穴ビット
（P.75）も用意する

キリ
下穴をあける

玄能
釘を打つ

下敷き板
下穴をあけるときに木材の下に敷き、
机などが傷つかないようにする

鉛筆
木材の墨付けに使う

クランプ
木材を固定する。
ここでは2本使う

ウエットティッシュ
はみ出した木工用接着剤を
ふき取る

木工用接着剤
ビスを打つ前に木材を
仮留めする

作業の流れ

次の順序で収納ボックスをつくります。

STEP **1**	▶	STEP **2**	▶	STEP **3**
部材を準備する		側板を組み立てる		背板を取り付ける

時間めやす

4 5 分

収納ボックスのつくり方

収納ボックスをつくります。

STEP **1** 部材を準備する

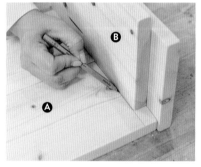

1 木材Ⓐを裏返して2枚並べ、端に木材Ⓑを立てて板厚分の線を引く。使っていない木材にⒶを突き当てて線を引くと、ずれにくい。

2 木材の端から人差し指1本分の幅の位置にビスを打つ印を付ける。

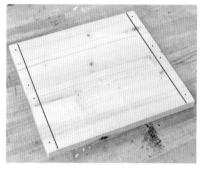

3 それぞれの板の四隅（8か所）に印を付け、Ⓐの墨付けが完成。

4 Ⓐの下に下敷き板を敷く。電動ドリルドライバーに下穴ビットを取り付け、手順3の印に下穴をあける。
→ memo 1

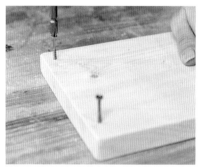

5 電動ドリルドライバーにドライバービットを取り付け、下穴に35mmスリムビスを打ってねじ立て（P.75）する。
→ memo 2

6 8か所すべてにねじ立てをしたら、部材の準備が完了。

STEP **2** 側板を組み立てる

1 **Ⓐ**のうち1枚を机の端にクランプ2本で固定する。

2 **Ⓑ**の木口に木工用接着剤を塗る。

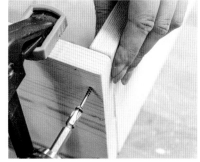

3 手順2の**Ⓑ**を、手順1の**Ⓐ**の端に合わせてビスを打ち込む。もう一方も同様にして、残りの**Ⓑ**を取り付ける。→ memo 3

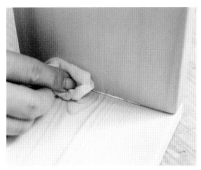

4 クランプをはずし、はみ出した接着剤が乾かないうちにウエットティッシュできれいにふき取る。

5 もう1枚の**Ⓐ**をクランプで固定する。手順3の枠の木口に木工用接着剤を塗り、固定した**Ⓐ**に合わせてビスを打ち込む。→ memo 4

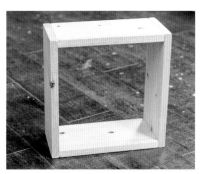

6 側板の組み立てが完成。

memo 1

下穴ビットは印の位置にあたりを付けてから、垂直に立てる。熱くなるのでやけどに注意する。

memo 2

ねじ立て前に板にビスを当て、貫通しない長さを確認しておく。

memo 3

ビス締め付けはトルクを1にして打ち始め、だんだん数値を上げていく。

memo 4

板がずれないように指を添えてビスを打つ。

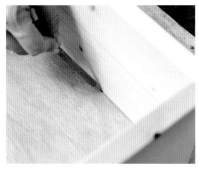

1 木材 **C** の裏側に側板の枠を合わせて墨付けする。

2 四隅とその中間あたりの計8か所に印をつける。

3 手順2で付けた印にキリで下穴をあける。

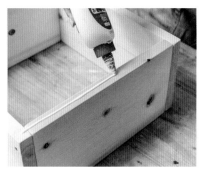

4 背板を取り付ける木口に木工用接着剤を塗り、**C** を取り付ける。

5 **C** の下穴に玄能で19mmスクリュー釘を打つ。最初に四隅の印を対角で打ってから、間の印を打つ。打ち始めは玄能の平面、最後は曲面で打つ。

6 サンダーで角を落とし、丸く仕上げる。表面も木目に沿ってサンダーをかける。

7 収納ボックスが完成。

COLUMN

木工でよく使う言葉

Step1 手順1のように、実際に組み立てる木材を使用して、線や印を付けることを「現物合わせ」といいます。また、Step1 手順5の「ねじ立て」とは、部材を組み立てるときに、貫通しない程度にねじを打ち込んでおくことです。どちらも木工ではよく使われます。

ウォールシェルフをつくる

壁に棚板や収納ボックスを取り付けて小物を飾ると、インテリアのアクセントになります。
ここでは、アンカーを使って壁に棚を付ける方法と、壁かけ金具で棚をつくる方法を紹介します。

壁に棚を取り付けるには

多くの住宅の壁は、間柱などに石こうボードを張り、
その上に壁紙などを貼って仕上げています(P.11)。
石こうボードは、焼石こうを主原料とした板で、
もろい素材です。間柱などの
下地のない位置に棚を取り付けると
落ちてしまう危険性があります。棚受け金具は
下地のある位置に取り付けましょう。
下地のない位置に留めなくてはならない場合は、
「アンカー」または「壁かけ金具」を使用します。

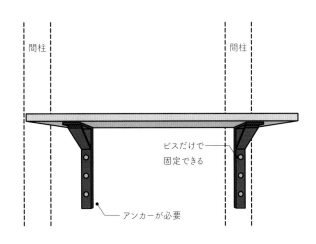

間柱　　　　　　　　間柱

ビスだけで
固定できる

アンカーが必要

アンカーとは

アンカーは間柱などの下地がない場所で使用します。
ねじ留めする位置にあらかじめ取り付けておき、
その上からねじを使用します。
石こうボードの裏側でアンカーが引っ掛かりをつくり、
ねじの固定力を補強するものです。
アンカーには、キリ付きアンカー、トグラー、
中空用アンカー、トリプルグリップなど、
さまざまな種類があります。
それぞれ壁の厚みや下穴の要・不要、
耐荷重といった使用条件が異なるので、
パッケージの説明をよく確認しましょう。

さまざまなアンカー（表）

さまざまなアンカー（裏）

下地の場所を探す

下地の場所を探すのに一番手軽な方法は、
壁を軽くたたいて打音を確認することです。
「コンコン」と軽い音がすればボードの後ろが空洞で、
詰まった音がすれば下地があることがわかります。
しかし素人が打音だけで判断するのは難しいので、
下地チェッカーや下地探し用の刺し針などを
使用するほうが確実です。
下地チェッカーは下地があるところで光ります。
下地探し用の刺し針は刺したときの手ごたえで
下地の位置を探します。

下地チェッカー

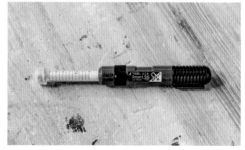

下地探し用の刺し針

アンカーを使って 飾り棚をつくる

アンカーを使って石こうボードの壁に飾り棚をつくる方法を説明します。
この方法は壁に穴をあけるため、
原状回復しなくてはならない場所では使えません。

材料と道具

飾り棚をつくるための材料と道具です。

費用めやす
材料 2,000円
道具 12,000円
（電動工具を含む）

材料

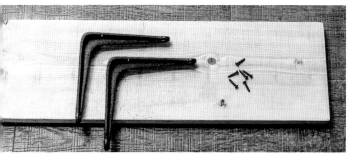

棚板
長さ450mmのSPF1×6材を使用する

棚受け金具
棚板と壁を固定する

さらタッピング黒
3×15mm
棚板と棚受け金具を固定する。
ここでは6本使用

アンカー（トリプルグリップ）
下穴径が6mmのものを4本使用。
これは電動ドリルドライバーが使える

ビス4×25mm
棚受け金具を壁に固定する。
ここでは4本使用

道具

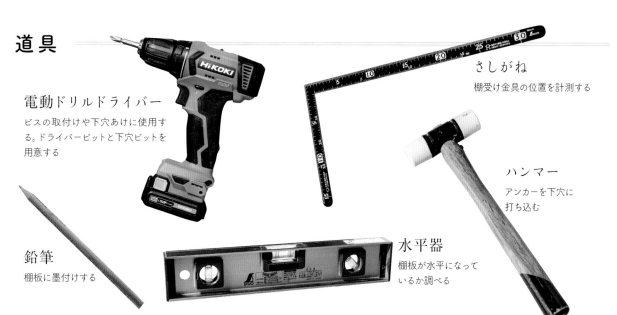

電動ドリルドライバー
ビスの取付けや下穴あけに使用する。ドライバービットと下穴ビットを用意する

さしがね
棚受け金具の位置を計測する

ハンマー
アンカーを下穴に
打ち込む

鉛筆
棚板に墨付けする

水平器
棚板が水平になって
いるか調べる

作業の流れ

次の順序で飾り棚をつくります。

STEP **1**	▶	STEP **2**
棚に金具を付ける		壁に棚を取り付ける

時間めやす
60分

飾り棚のつくり方

飾り棚をつくって、壁に取り付けます。

STEP **1** 棚に金具を付ける

1 棚板に棚受け金具を置き、端から棚受け金具の穴中心までの距離が60mmになるよう位置を調整する。

2 金具の壁に近い穴のひとつに鉛筆で印を付ける。→ memo 1

3 印の位置に貫通しない程度の下穴をあけ、さらにタッピング黒3×15mmで固定する。

4 棚受け金具の残り2か所の穴にも同じように下穴をあけ、さらにタッピング黒3×15mmで固定する。

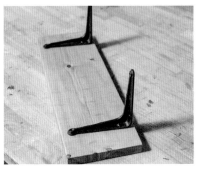

5 もう一方も手順1〜4と同様にして端から60mmの位置に棚受け金具を取り付ける。

memo 1

このとき、厚めの板などを棚板に垂直に添えておくと、金具の位置を正確に墨付けできる。

STEP 2 壁に棚を取り付ける

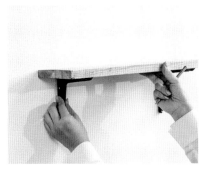

1 壁に棚を当てて、取り付け位置を決める。

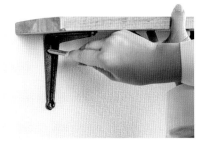

2 左右どちらかの棚に近いビス穴に鉛筆で印を付け、棚をはずして下穴をあける。

3 下穴の位置にビス4×25mmで棚を仮留めする。後から抜くので軽く留める。

4 棚に水平器を置き、棚が水平になる位置をさがす。

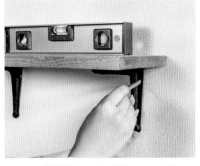

5 位置を決めたら、残りのビス穴(この棚では左右2か所ずつ留めるので残り3か所)に鉛筆で印を付ける。

6 手順3のビスを抜いて棚をはずす。印の位置に6mmの下穴ビットで下穴をあける。

7 下穴にアンカーを差し込み、ハンマーで根元まで打ち込む。残りの下穴の印にも同じようにアンカーを打つ。

8 アンカーに棚受け金具のビス穴を合わせ、ビスで固定する。石こうボードが破損しないよう電動ドライバーは低速にする。

9 飾り棚が完成。

壁かけ金具で
ボックス棚をつくる

壁かけ金具は針状の金具で固定するため、
取りはずしても穴が目立ちません。金具が見えないように
するなら、背板のあるボックスの棚が向いています。

材料と道具

ボックス棚を壁にかけるための材料と道具です。

材料

ボックス

P.76で作成した収納ボックスに
オールドウッドワックスを塗った
ものを使用する

スペーサー用木材

棚が浮かないように固定する木材。
11mm角で長さ295mmの木材を使用

壁かけ金具

ホッチキスで壁に固定する。
ここでは「壁美人」を使用。
専用針が付属している

受け金具

収納ボックスに取り付ける

ビス3×8mm

受け金具を留める。ここで
は6本使用

道具

ドライバー

受け金具を収納ボックスに
取り付ける

キリ

収納ボックスに
下穴をあける

ホチキス

壁かけ金具を壁に取り付ける。
180度に開くタイプを使う

木工用接着剤

収納ボックスにスペーサーを
取り付ける

作業の流れ

次の順序でボックス棚を壁に取り付けます。

STEP 1	▶	STEP 2
受け金具を付ける		壁かけ金具を取り付ける

時間めやす

45分

ボックス棚のつくり方

ボックスを壁掛け金具で壁に取り付けます。

STEP 1 受け金具を付ける

1 ボックスの背板の上両端に受け金具を置く。取り付け穴の位置にキリで下穴をあける。

2 ビス3×8mmで受け金具をボックスに取り付ける。

3 スペーサー用の木材に木工用接着剤を塗り、下から3cmくらいの位置に貼り付ける。

STEP 2 壁かけ金具を取り付ける

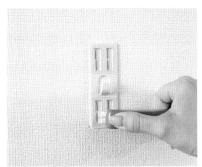

1 ホッチキスに専用針を入れ、180度に開く。壁に対してホッチキスを30度に傾け、壁かけ金具を留める。

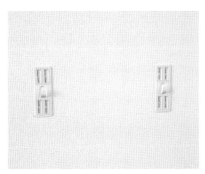

2 受け金具の幅に合わせて、もう一つの壁かけ金具を取り付ける。

3 壁かけ金具に受け金具を引っかけると、ボックスの棚が完成。

突っ張り柱でつくる棚

突っ張り柱をつくるパーツを使えば、壁に穴をあけずに大きな棚をつくることができます。
このようなパーツはDIYでよく使われる2×4材の端に取り付けるもので、
「ディアウォール」、「ラブリコ」、「ウォリスト」などがよく使われています。
ここで紹介するウォリストは、側板を専用金具で連結できるため、奥行きのある棚がつくれます。
高い棚をつくる場合は安全に十分配慮し、なるべく二人以上で作業するようにしましょう。

ウォリスト

2×4材を柱のように天井に固定する突っ張りジャッキ。本体1個にタッピングビス（4×30mm）4本、キズ・ズレ防止シート1枚が付いている

ウォリストで棚をつくる方法

❶ 下地チェック、採寸
▼
❷ 棚の設計図をつくる（寸法を決める）
▼
❸ 材料の用意
▼
❹ 木材の塗装
▼
❺ 墨付け
▼
❻ 側板の連結、突っ張り用の金具を付ける
▼
❼ 棚受け金具を付ける
▼
❽ 高さがある場合は上下に補強材を付ける
▼
❾ 棚板を付ける
▼
❿ 棚を起こして天井に固定

POINT ❶ 下地チェック

天井にも壁と同じように下地があります。壁から離して設置するときは、下地のある部分に突っ張り金具を設置しましょう。

POINT ❸ 材料の用意

ウォリストを取り付ける柱は、天井高－6cmの長さの2×4材を用意します。

POINT ❽ 上下に補強材を付ける

高さがある場合は、ゆがみ防止や安定のため、上下接地面から10cmのところにそれぞれ補強材を取り付けます。

補強材

POINT ❿ 棚を起こして天井に固定

棚を起こすときは、ジャッキ部分を縮めるようにして起こします。伸びた状態で乱暴に起こすと、天井や壁に傷が付く可能性があるので注意しましょう。

ＴＶボードを
つくる

40〜42インチのテレビを載せる
シンプルなＴＶボードをつくります。
大型の木工ですが、製作はかんたんです。
ＴＶボードは天板のビスが見えないように
ダボ仕上げにします。

完成図と用意する木材

ここでは次の寸法のＴＶボードをつくります。アルファベットは、木材の記号に対応しています。

木材
Ⓐ SPF材（2×12）：1500mm　2枚
Ⓑ SPF材（2×12）：348mm　4枚
Ⓒ SPF材（2×12）：500mm　1枚

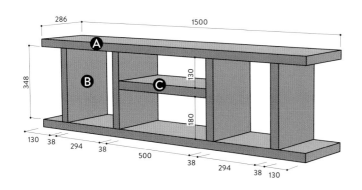

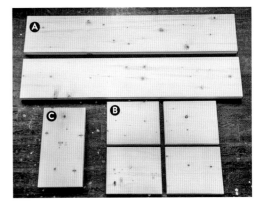

材料と道具

TVボードをつくるための道具と木材以外の材料です。

材料

65mmスリムビス
木材を留める。ここでは30本使用

8mm丸棒
ダボ仕上げに使う。ここでは2本使用

オールドウッドワックス
木材を塗装する。古材のような雰囲気になる

道具

電動ドリルドライバー
穴あけやビスの取付けに使用する。ドライバービットと下穴ビット、ダボ錐も用意する

玄能（げんのう）
丸棒を打つ

サンダー
木材の角や表面を整える

クランプ
木材を固定する。ここでは2本使う

下敷き板
下穴をあけるときに木材の下に敷き、机などが傷つかないようにする

ダボ切りのこぎり
ダボの丸棒をカットする。刃にアサリがないため、木材の表面を傷つけない

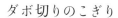

木工用接着剤
ビスを打つ前に木材を仮留めする

鉛筆
木材の墨付けに使う

ウエス
塗料を木材に塗る、からぶきをする

ウエットティッシュ
はみ出した木工用接着剤をふき取る

作業の流れ

次の順序でTVボードをつくります。

STEP 1	▶	STEP 2	▶	STEP 3
部材を準備する		組み立てる		ダボ仕上げをする

〟時間めやす〟

180分

TVボードのつくり方

TVボードをつくります。

STEP 1 部材を準備する

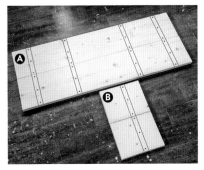

1 木材Ⓐ2枚とⒷ2枚を裏返して並べ、寸法をもとに、仕切り板とビスの位置を墨付けする。→memo 1,2

2 木材の下に下敷き板を敷き、すべてのビスの印に下穴をあける。

3 Ⓐの天板にするほうを表向きにする。ビットをダボ錐（P.75）に替えて下穴の位置にダボ穴をあける。

4 下穴にねじ立てをする。天板はダボ穴をあけた面（表面）にねじ立てする。これで部材の準備が完了。

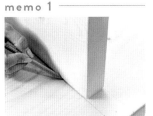

memo 1

木材の厚みはすべて38mmなので、木材Ⓒを使って線を引くとかんたん。

memo 2

ビスの印は木材の端から人差し指1本分の位置（2か所）と中間の位置に付けている。

91

STEP **2** 組み立てる

1 ボード中央のH型の棚からつくる。ねじ立てした**B**を机の端にクランプで固定し、**C**の木口に接着剤を塗って、**B**の線に合わせる。

2 **C**が動かないよう押さえながら、ビスを打ち込む。→ memo 3

3 もう一枚のねじ立てした**B**をクランプで固定する。同様にして手順2の**C**の逆側をこの**B**に取り付ける。中央のH型の棚ができた。

4 天板をクランプで固定する。手順1〜2と同様にして、墨付けした線に合わせて手順3のH型の棚と残りの**B**をすべて取り付ける。→ memo 4

5 底板にする**A**をクランプで固定する。ここまで組み立てた部材をこの**A**の墨付けした線に合わせてクランプではさむ。→ memo 5

6 すべてのビスを打ち込むと、組み立てが完了する。

---

memo 3

ビスは両端を打ち込んでから真ん中を打つ。

memo 4

長い木材をビス留めするときは、利き手側からやるとやりやすい。

memo 5

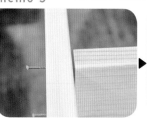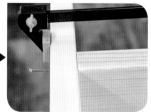

底板と組み立てた部材の間にすき間ができないように、底板と部材はクランプでしっかりと固定する。

STEP 3 ダボ仕上げをする

1 丸棒の先端を玄能で軽くたたいてつぶす。→memo 6

2 丸棒のつぶしたほうを天板のダボ穴に入れ、玄能でたたく。

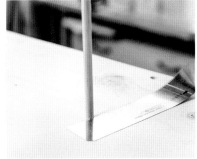

3 ダボ切りのこぎりを天板に沿わせて丸棒をカットする。これでビス穴がふさがり、きれいに仕上がる。
→memo 7

4 ダボの部分や天板の角、表面をサンダーでやすりがけする。→memo 8

5 ウエスにオールドウッドワックスを取って塗る（P.109）。底から塗り始め、節の部分はしっかり塗る。

6 きれいなウエスで乾ぶきをし、よく乾かして、TVボードが完成。

---

memo 6

丸棒を転がしながら先端を全体的につぶす。

memo 7

中細目のこぎりなら厚紙などを敷いて丸棒を切り、ダボの出っ張りをやすりで削る。

memo 8

ダボ周りは、やすりをかけすぎると跡になるので注意する。仕上げは木目に沿ってやすりをかける。

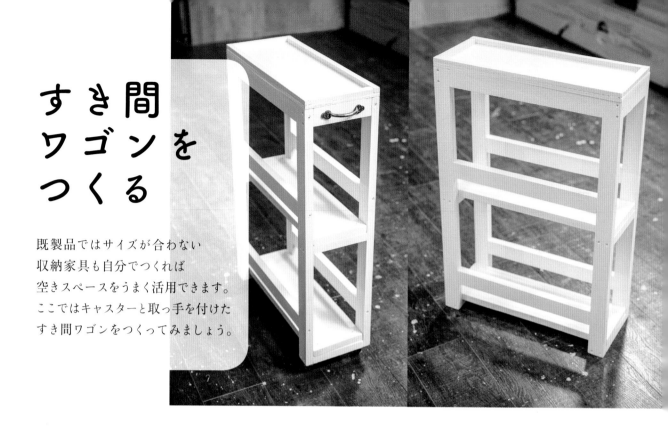

すき間ワゴンをつくる

既製品ではサイズが合わない
収納家具も自分でつくれば
空きスペースをうまく活用できます。
ここではキャスターと取っ手を付けた
すき間ワゴンをつくってみましょう。

完成図と用意する木材

ここでは次の寸法のすき間ワゴンをつくります。
アルファベットは、木材の記号に対応しています。

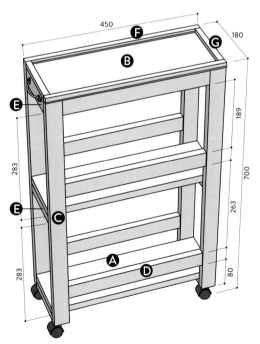

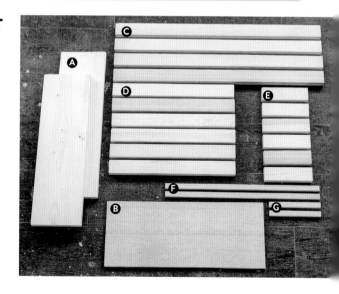

木材
- Ⓐ 棚板　SPF材（1×6）：450mm　2枚
- Ⓑ 天板　9mm厚ラワン合板：180×450 mm　1枚
- Ⓒ 枠垂直材　赤松材（20×40 mm）：646 mm　4本
- Ⓓ 枠水平材　赤松材（20×40 mm）：370 mm　6本
- Ⓔ 棚受け材　赤松材（20×40 mm）：140 mm　6本
- Ⓕ 天板縁　工作材（10×15 mm）：450 mm　2本
- Ⓖ 天板縁　工作材（10×15 mm）：150 mm　2本

材料と道具

すき間ワゴンをつくるための道具と木材以外の材料です。

費用めやす

材料 3,000 円
道具 22,000 円

（電動工具を含む）

材料

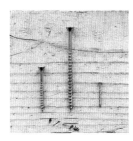

35mm スリムビス（左）

木材を留める。ここでは32本使用

65mm スリムビス（中央）

木材を留める。ここでは12本使用

19mm スクリュー釘（右）

合板を留める。ここでは10本使用

キャスターと
取付ビス

ワゴンの底に取り付ける。キャスターは4個、キャスター用ビスは16本使用

ミルク
ペイント

木材を塗装する。ここではスノーホワイトを使用

取っ手と取付ビス

ワゴンの取っ手にする

道具

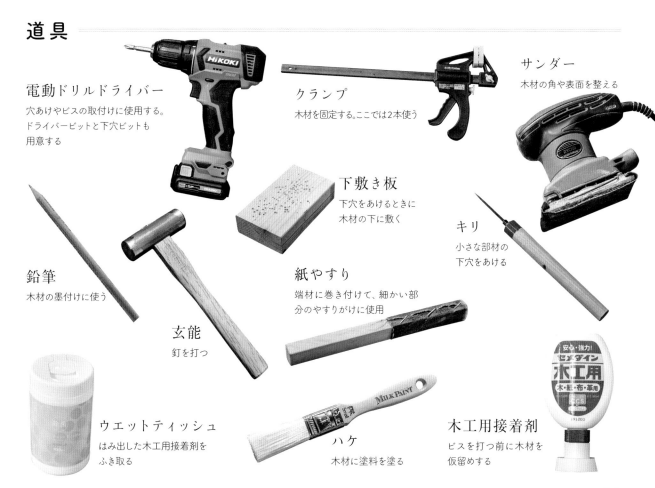

電動ドリルドライバー

穴あけやビスの取付けに使用する。ドライバービットと下穴ビットも用意する

クランプ

木材を固定する。ここでは2本使う

サンダー

木材の角や表面を整える

下敷き板

下穴をあけるときに木材の下に敷く

キリ

小さな部材の下穴をあける

鉛筆

木材の墨付けに使う

紙やすり

端材に巻き付けて、細かい部分のやすりがけに使用

玄能

釘を打つ

ウエットティッシュ

はみ出した木工用接着剤をふき取る

ハケ

木材に塗料を塗る

木工用接着剤

ビスを打つ前に木材を仮留めする

作業の流れ

次の順序ですき間ワゴンをつくります。

時間めやす

180分

```
┌─────────────────┐      ┌─────────────────┐
│    STEP 1       │  ▶   │    STEP 2       │
│ 枠を組み立てる   │      │ 棚板と天板を取り付ける │
└─────────────────┘      └─────────────────┘
```

```
         ┌─────────────┐      ┌───────────────────────┐
    ▶    │   STEP 3    │  ▶   │       STEP 4          │
         │  塗装する    │      │ キャスターと取っ手を取り付ける │
         └─────────────┘      └───────────────────────┘
```

すき間ワゴンのつくり方

すき間ワゴンをつくります。

STEP 1 枠を組み立てる

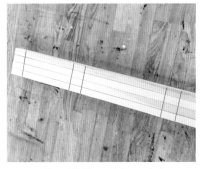 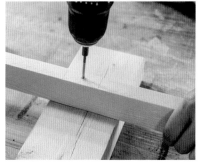 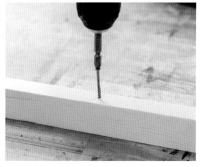

1 枠垂直材**C**を4本並べ、寸法をもとに枠水平材**D**を取り付ける位置とビスの位置に墨付けする。→memo 1

2 すべてのビスの印に下穴をあける。→memo 2

3 線を書いていないほうの面の下穴に65mmスリムビスをねじ立てする。→memo 3

memo 1	memo 2	memo 3	memo 4

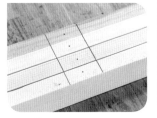 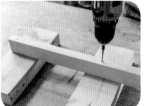  

線は**D**を置いて4本まとめて描き、各範囲の中心にビスの印をつける。

細長い木材は、下敷き板を2つ使って渡すとガタつきがおさえられる。

貫通しない程度の長さをねじ山の数でおぼえておくとよい。

接着材はたっぷり塗り、ビス打ち後にはみ出したらウエットティッシュでふき取る。

4 ねじ立てした**C**のうち1本をクランプで固定する。

5 木口に接着剤を塗った**D**を線の位置に合わせてからビスを打つ。**D**を3本取り付けたらクランプをはずす。
→ memo 4

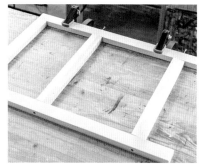

6 別の枠垂直材**C**をクランプで固定し、手順5の**D**の木口に接着剤を塗ってビス打ちする。片側の脚のパネルができた。

7 手順4〜6と同様にして脚のパネルをもう1枚組み立て、棚受け材**E**を取り付ける位置とビスの位置を墨付けする。→ memo 5,6（P.99）

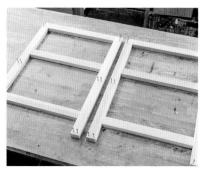

8 すべてのビスの印に下穴をあけ、線を書いていないほうの面に35mmスリムビスをねじ立てする。

9 脚のパネルのうち一枚をクランプで固定する。

10 **E**の木口に接着剤を塗って線の位置に合わせ、ビスを打つ。まず3本を取り付ける。
→ memo 7（P.99）

11 上下を逆にして反対側にも**E**を取り付けたら、クランプをはずす。

12 残りの脚のパネルをクランプで固定し、手順11の**E**の木口に接着剤を塗って線に合わせ、ビスを打つ。枠が完成。

STEP 2 棚板と天板を取り付ける

1 棚板Ⓐの木口から40mmの位置に線、両端からそれぞれ人差し指1本分の位置にビスの墨付けをする。逆側も同様に墨付けする。

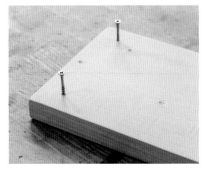

2 ビスの印に下穴をあけ、線を書いていないほうの面に35mmスリムビスをねじ立てする。

3 ねじ立てしたⒶをSTEP 1で作成した枠の一番下にはめ、ビスを打って固定する。

4 枠の真ん中の段にもう一枚のⒶをはめて、ビスで固定する。これで棚板ができた。

5 天板Ⓑに墨付けをする。Ⓑの上に枠を逆さにして置き、位置をそろえる。内側に沿って線を引く。

6 四隅の端から人差し指1本分の位置に釘の印を付け、あとは等間隔で計10か所に釘の墨付けをする。釘の印にキリで下穴をあける。

7 枠の上にⒷを置き、下穴に19mmスクリュー釘を打つ。釘が留めてあるビスにあたらないよう注意する。
→ memo 8

8 天板縁ⒻとⒼを接着剤で天板に貼り付ける。

9 接着剤が乾いたら、棚板と天板の完成。

STEP 3 塗装する

1 サンダーで角や表面を削ってなめらかにする。

2 サンダーが入らない細かい場所は、端材に紙やすりを巻き付けてやすりがけをする。

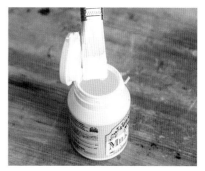

3 塗料をよく振ってから開封し、ハケの中央まで塗料をつける。

4 塗装は見えない部分から始める。ワゴンを逆さにして、底の部材の境目から塗る。

5 木目に沿ってハケを動かし、塗り進めていく。

6 全体を塗ったら乾燥させる。

---

memo 5

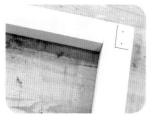

一番上の棚受け材の位置は**E**の木口を当てて書く。ビスの印は上下から小指1本分の位置。

memo 6

その他のビスの位置も、材の端から小指1本分の位置に2か所ずつ印を付ける。

memo 7

天板の受け材と棚板の受け材は、取り付ける向きがちがうので注意する。

memo 8

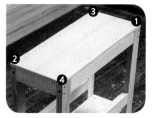

釘は四隅のひとつから打ち始める。次は打ち始めの対角線上の位置を打つ。

STEP 4 キャスターと取っ手を取り付ける

1 枠の底にキャスターを置き、ビスの位置に下穴をあける。

2 キャスター用のビスを打って固定する。

3 手順1〜2と同様にして、底の四隅にキャスターを取り付ける。

4 取っ手を仮置きし、位置を決めたらビスの位置にキリで下穴をあける。

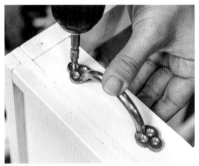

5 取っ手用のビスを打って固定する。

6 すき間ワゴンが完成。

COLUMN

天板にタイルを貼る場合

キャスターを取り付けてからタイルを貼ると、すき間ワゴンが動いて、タイルの目地がずれてしまうことがあります。天板にタイルを貼る場合は、タイルを貼った後にキャスターを付けてもかまいません。そのときは、タイル目地が完全に乾くまで待ってから、キャスターを取り付けるようにしましょう。タイルの貼り方は次で説明します。

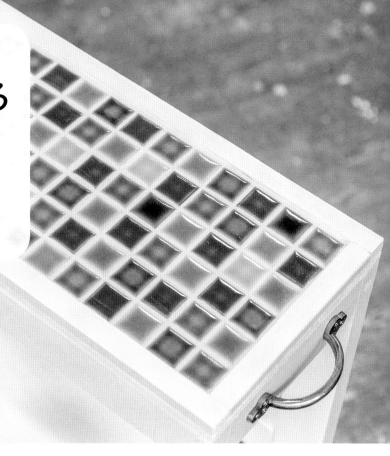

家具アレンジ①
タイルを貼る

前ページで作成したすき間ワゴンの天板
を使って、タイルの貼り方を説明します。
さまざまな色や形のタイルがあるので、
どのようなデザインにするか
考えるのも楽しいです。

材料と道具

タイルを貼るための材料と道具です。

費用めやす

材料 **2,000**円
道具 **500**円

材料

モザイクタイル

天板に貼るタイル。ここではバラバラにカットしたものを使う

タイル用目地材

タイルとタイルのすき間を埋める

タイル用接着剤

タイルを天板に貼る

道具

マスキングテープ

枠などを養生する

ヘラ

接着剤をのばしたり、タイルのすき間を整えたりする

ウエットティッシュ

余分な目地材をふき取る

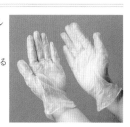

ビニール手袋

目地材を塗るときに使う

作業の流れ

次の順序でタイルを貼ります。

STEP 1	▶	STEP 2
接着剤でタイルを貼る		目地を埋める

∥ 時間めやす ∥

300分
（乾燥時間180分を含む）

タイルの貼り方

天板にタイルを貼ります。

STEP 1 接着剤でタイルを貼る

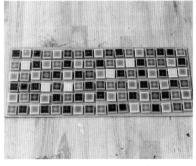

1 目地の幅（2mm程度）を考慮して、タイルのデザインを決める。タイルを貼る部分と同じ大きさの板や紙を用意するとやりやすい。

2 タイルを貼る場所の周りに接着剤がつかないように、マスキングテープを貼って養生する。

3 端からタイルを貼り始める。1列目の範囲に接着剤を塗り、ヘラで1mm程度の厚さにのばす。

4 タイルを軽く置く。1列目を並べたらタイルの位置を調整して、目地の間隔を均等にする。

COLUMN
シート状のタイルを使う場合

ここでは多くの色を組み合わせるため、シート状のタイルをバラバラにカットして使用しています。単色で仕上げるなら、シート状のタイルを使用したい寸法でカットして置くだけです。シート状のタイルは均等につながっているため、目地の間隔を調整する手間が省けます。

5 枠に沿って1周するように貼る。同様に1周ずつ内側へ貼っていく。中央はピンセットを使うとタイルを置きやすい。→ memo 1

6 すべてのタイルを貼ったら、ヘラで目地の幅を均等に調整する。
→ memo 2

7 全体の位置が決まったら、タイルを1つずつ指で押さえて圧着する。接着剤が乾くまで、3時間程度待つ。

STEP 2 目地を埋める

1 枠の内側にマスキングテープを立てて貼る。→ memo 3

2 ジッパー付きのポリ袋に目地材と少量の水を入れる。ジッパーを閉じて手でよくもむ。

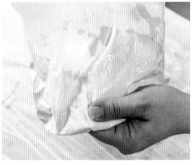

3 ペースト状の味噌くらいのかたさになるまで、水を加えながら調整する。
→ memo 4

memo 1 ————
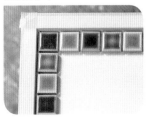

タイルは枠の端につめて置かずに、目地材を入れるすき間をあけておく。

memo 2 ————

いろいろな方向から見て、タイルの列の位置がずれていないかを確認する。

memo 3 ————

タイルの高さに合わせてマスキングテープを貼る。

memo 4 ————

目地材は、かたいとすき間に入れづらくなり、やわらかいと乾かしたあとにやせてしまう。

4 目地材が練れたらポリ袋を切って広げ、ビニール手袋をして団子状に丸める。

5 目地材を適量取り分けてタイルにのせ、すき間を埋めるように指で押しながら広げる。
→ memo 5

6 目地材を全体に広げたら、目地にきれいに入っているか確認する。不足があれば目地材をたす。

7 タイルの形が見えるように、表面を指ではらう。

8 ウエットティッシュでタイルの表面や目地を軽くふき、タイルの輪郭をはっきり出す。角にたまった目地材はヘラで取り除く。→ memo 6

9 ティッシュで仕上げぶきをし、マスキングテープは持ち上げながらはがす。1日ほど陰干ししたら完成。

memo 5

使っていない目地材は乾かないように、切ったポリ袋を密着させてかぶせておく。

memo 6

ウエットティッシュは4つ折りにして指にはさんで持つ。

COLUMN

タイルアレンジ

タイルは家具の天板のほか、コースターやトレイなどに貼ってもかわいく仕上がります。

家具アレンジ②
木材の塗装

作品を好きな色に塗装できるのは、
DIY ならではの楽しみです。
使い込んだアンティーク感を出すペイントなど
さまざまな塗装テクニックを紹介します。

塗装の道具

塗装に使用する道具です。必要に応じて養生（P.15）をしてください。
材料となる塗料やその他の道具は、塗装方法によって変わるため、
それぞれのページで紹介します。

費用めやす

道具 1,200 円

ハケ

🅐 ミルクペイントブラシ豚毛：
アンティークメディウムで汚しペ
イントをするときに使う
🅑 ミルクペイントブラシ化繊：
ミルクペイントの塗装で使う基
本のハケ

COLUMN

広い面を塗るときは？

広い面は壁を塗るときと同じく、
ローラーやバットを使います。
木材の表面を整えるのも、サ
ンダー（P.74）のほうが早く仕上
がります。必要に応じてビニー
ル手袋を使用してください。

紙やすり

塗装前の木材の表面を整える

基本の塗装

塗装の基本である1色塗りの方法を説明します。
重ね塗りアレンジの場合も、下塗りはこの方法で塗ります。

使用する塗料

ミルクペイント

ミルク原料を使用した天然由来の水性塗料。伸びがよく塗りやすい。1色塗りや下塗りに使用する。ここでは、「ディキシーブルー」を使用

1 木材の塗装面は必ずやすりがけをして、表面を整えておく。紙やすりを使う場合は120番か240番を使用する。

2 ふたが閉まっていることを確認してから、塗料の容器を30回ほど振る。

3 ハケの毛払い（P.32）をして塗料のふたを開き、原液のままの塗料をハケの中央まで含ませる。

4 最初は塗装面の端から少し離れたところにハケを置き、端に向かって塗る。

5 端から木目に沿って逆方向に重ねて塗る。手順4〜5を繰り返して面を塗っていく。筆は寝かせないようにする。

6 木口は凹凸があるので、トントンとたたくように塗る。ひととおり塗り終えて乾いたら、同じように二度塗りをする。

汚しペイント

下塗りした木材にアンティークメディウムで
汚れを表現すると、使いこんだような風合いになります。

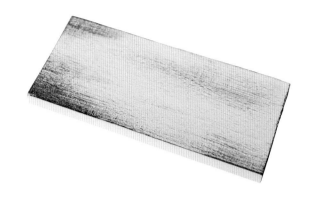

使用する塗料

アンティークメディウム

とろみのあるブラウンの塗料で、下塗りした
木材に、汚しの効果を付ける。下塗りは淡い
色のほうがアンティーク感を出しやすい

追加の道具

下塗りした木材

ここではミルクペイント
「ハニーマスタード」で着色

厚紙

牛乳パックを切り開いたものなどでもよい

1 アンティークメディウムを豚毛のハ
ケにとり、厚紙にこすりつけて余分な
塗料を落とす。→memo 1

2 下塗りした木材の角に、ハケの毛先
より少し上の部分をこするようにして
塗る。最初は角から塗っていく。

3 表面をなでて、全体的に汚す。

4 古材や写真を参考にしながら、汚れ
の濃淡を付ける。→memo 2

memo 1

汚しペイントで使うハケは、か
たい毛のものがよい。

memo 2

ハケに塗料を足したら、手順1、
2の作業をしてから使う。

ホコリ風ペイント

下塗りした木材にダストメディウムを塗ると、
長年放置してホコリをかぶったような風合いになります。

使用する塗料

ダストメディウム

とろみのあるホワイトベージュの塗料で、塗った部分が白くくすんだ状態になる。下塗りは濃い色のほうがホコリの感じを出しやすい

追加の道具

下塗りした木材

ここではミルクペイント「ディキシーブルー」で着色

塗料を薄める容器

牛乳パックを切ったものでもよい

濡らしたタオル

塗料を自然な感じになじませる

1 容器に少量のダストメディウムを入れ、水を加える。

2 ダストメディウムと水をよく混ぜたら、塗料をハケに含ませる。

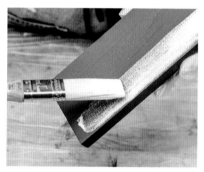

3 下塗りした木材の端に多めに塗る。

4 内側に向かうほど薄く塗り、自然なホコリのような濃淡をつける。

5 濡らしたタオルでトントンとたたいてなじませる。

6 手順4〜5を繰り返して、少しずつホコリがたまっていくように塗装する。

ワックス＋ステンシル

ワックスは木材につやを与えて表面を保護します。
木目を生かしてステンシルでアクセントを付けます。

使用する塗料

オールドウッドワックス

ソフトタイプのワックスで、天然素材のミツロウ
が主原料。木材の保護と着色が同時にできる

ミルクペイント

ステンシルの文字色用に使う。ここでは「インクブラック」を使用

追加の道具

ステンシルシート

文字や模様を切り抜いた型紙。

ウエス・マスキングテープ・
キッチンペーパー・スポンジ
など

1 ウエスにワックスを取る。

2 木目に沿ってワックスを塗り、なじま
せる。木口は色が濃くなりやすいの
で、薄く塗る。

3 ひととおり塗ったら、全体が均一にな
るようにのばし、きれいなウエスで乾
ぶきをして仕上げる。

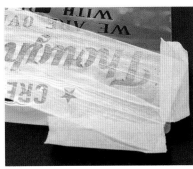

4 ステンシルシートを木材の上に置き、
マスキングテープで固定する。

5 ミルクペイント（インクブラック）をス
ポンジに含ませ、キッチンペーパーの
上でたたいて濃度を調整する。

6 ステンシルシートの上からスポンジ
で軽くたたきながら塗る。たたく回数
が多いと濃くなる。塗り終えたらシー
トをはがす。

ひび割れペイント

塗装面をひび割れさせる塗料を使って、
長年使用したような風合いを出します。

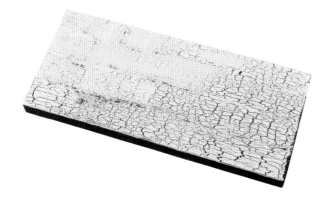

使用する塗料

クラッキングメディウム

上に塗る塗料をひび割れさせる。木材に独特
の使用感が加わる

ミルクペイント

上塗りしてひび割れさせる。ここでは「ヘンプベージュ」を使用

追加の道具
下塗りした木材

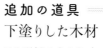

ここではミルクペイント
「ビンテージワイン」で着色

1 下塗りした木材に、クラッキングメディウムを塗る。→ memo 1

2 テープの接着面のように、さわると指に軽くくっつく状態まで乾かす。

3 やわらかいハケでミルクペイント（ヘンプベージュ）を塗る。

4 ひび割れが始まった場所を二度塗りするとひび割れしなくなるので、塗装部分が重ならないよう注意して塗る。

5 すき間ができた場合は、すき間以外に塗料が付かないようにハケを立てて塗る。

memo 1

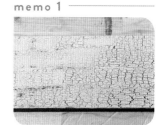

クラッキングメディウムは厚く
塗ると大きく、薄く塗ると細かく
ひび割れる。

Chapter 4

リノベアイデア

最後に部屋のイメージを変える、その他のアレンジ方法を紹介します。
小さなアレンジから、壁や収納スペースを工夫した空間アレンジ、
オリジナルの収納家具まで、ここまでに説明した基本を組み合わせれば、
応用できます。ぜひチャレンジしてみてください。

お部屋のプチアレンジ

家具の部品を取り替えたり、扉や壁に金具を付けたりと、
少し手を加えるだけでも、部屋の雰囲気が変わります。
ここでは、手軽にできるアレンジ方法を紹介します。

取っ手を替える

ドアや家具の扉の取っ手を交換するだけで、
雰囲気がガラリと変わります。
取っ手は、ドアや扉の厚さと
穴の大きさに合うものを選びましょう。

陶器やプラスチック、金属などさまざまな素材の取っ手が市販されている

靴箱の小さな取っ手を取り替えるだけでも、はなやかな雰囲気に変わる

取っ手の交換方法

1 取り替える前の取っ手は、黒のシンプルなもの。

2 取っ手を取りはずす。

3 新しい取っ手を扉の穴に差し込み、ワッシャーを入れる。ナットを回し入れて固定する。

金物を取り付ける

通常は棚板を支える棚受け金具ですが、
壁に取り付けてオブジェを飾ると、
インテリアのアクセントになります。
取り付け時には下地のチェック(P.82)を忘れずに。

季節に合わせてオブジェ
やドライフラワーを選ぶ
のも楽しい

アンティーク風の棚受け金具は、単体で飾ってもインパクト大

スイッチカバーを替える

無機質な印象になりがちな
スイッチカバーも、市販のカバーに交換したり、
マスキングテープやシールを貼ったりして、
インテリアに合わせることができます。

スイッチの形状に合わせてさまざまな種類の
カバーが用意されている

陶器や木のスイッチカバーは、プラスチックのものよりやわらかい雰囲気になる

照明器具を替える

照明器具を替えると、
見た目はもちろん、
照明から出る光の量や
方向も変わります。
光と影によって部屋の雰囲気は
大きく変化します。
机や床に置くスタンド照明を
併用すると、またちがった空間を
演出できます。

BEFORE

照明をシーリングライトからシャンデリアに替える。天井面や壁面の明るさや影が変わる

照明の交換方法

1 シーリングライトならカバーをはずし、照明器具に記載された方法で本体も天井からはずす。

2 本体を持ったまま、引掛けシーリングの配線端子をひねって、古い照明器具を天井から完全にはずす。

3 取り替える照明器具の配線端子を、引掛けシーリングにはめて回す。吊り下げ式の器具ならカバーを付ける。

COLUMN

引掛けシーリングについて

引掛けシーリングにはいくつか種類があり、右の形は「丸型フル引掛けシーリング」といいます。ほかにも角型のものや、埋め込み型のものがあります。
シーリングライトやペンダントライトなどは、引掛けシーリングが天井に付いていれば自分で交換できますが、引掛けシーリングを新しく設置する場合は、有資格者による電気工事となるため、専門業者への依頼が必要です。

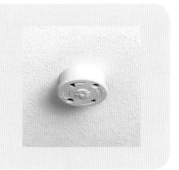

ドアや収納扉を
アレンジする

ドアにプレートを付けたり、
壁紙を貼ったりしてアレンジしてみましょう。
プレートをビスで固定すると穴が開いてしまうので、
原状回復が必要な場合は取り付け方に注意してください。

カフェのスタッフスペースのようなプレート

トイレなどのドアにプレートを付ければ、来客時にも役立つ

収納扉にペイントした古材のような壁紙を貼ると、シャビーな雰囲気に

マスキングテープで飾る

幅広のマスキングテープを壁などに貼ると、
インテリアのアクセントになります。はがすだけで
原状回復できるので、気軽に挑戦できます。

ファブリックボードやドライフラワーと似た色合いのマスキングテープをクローゼットの扉周りに貼った

いろいろな柄のマスキングテープがあるので、選ぶのが楽しい。
窓ガラスに貼れるものもある

お部屋の空間アレンジ

小さなスペースを有効活用するためのアレンジや、さまざまな壁のアレンジなど
空間の印象を大きく変えるセルフリノベを紹介します。

押し入れリノベーション

押し入れに壁紙を貼り、
棚や照明をつけて収納家具を置いたら、
作業スペースへと大変身。
押し入れは限られたスペースなので、
一人でも作業でき、
細部までこだわった空間づくりが
可能です。

BEFORE

AFTER

押し入れをガラス細工の作業スペースとしてリノベーション。上段は作業スペース、下段は収納スペースになっている。上段には壁紙を貼り、作業台は塗料を塗るため、事前にシーラー（P.19）を塗って下地処理している

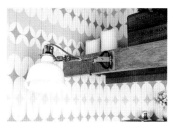

照明は作業スペースを圧迫しないように、
枕棚に取り付けられるタイプを選択

端材を使って作成したプレート。文字部分はジグソーでカットして組み合わせている。
塗装はワックスと汚しペイントの合わせ技

ベジタブルボックスを横置きにして本棚と
して利用

小さなフックを取り付けて、カギや
キーホルダーをかけている

棚板は電動工具のトリマーで面取りをし、
モール状のエッジに加工

1×4材を3枚貼り合わせて側板にしたチェスト。ツートー
ンの塗装に色ちがいの取っ手を組み合わせている

ガラス用の窯をのせる台は、熱に
強いタイルを貼った。正面は壁紙
と同じ色合いに

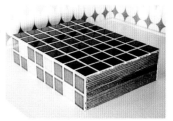

下段の収納棚には、工具や大きなガラスを入れている。キャスター付きなの
で重いものでも出し入れがラク。スペースや用途に合わせて収納を用意でき
るのはDIYの大きな利点

間仕切りをつくる

2×4材や1×4材でつくる
突っ張り柱 (P.88) は、スペースを区切る
間仕切り壁にも使用できます。
ここでは突っ張り柱を使って、
リビングの一角に間仕切りをつくりました。
突然の来客があっても、
生活感のあるものは間仕切りの向こうに
隠せます。板壁の手前側は、
飾り壁として活用できます。

ウォリストの金具の色を塗装に合わせ
ると、すっきりした印象になる。逆に色
を変えると、アクセントになる

間仕切りの上部は板壁にせず、補強のための横板と棚板のみにすることで、圧迫感を
なくし、室内に入る日の光も十分確保できる

壁に打つのをためらってしまうビスや釘も、間仕切りの板壁
なら挑戦しやすい

補強用の横板は、上下に必要なため、下側にも忘れずに付
ける

キャットウォークをつくる

突っ張り柱を立てて、段ちがいの棚を並べれば、
猫が移動できるキャットウォークがつくれます。
最初に設計図をつくっておけば、
むだなく材料が用意でき、組み立てもスムーズです。
棚板の高さは猫がのぼりやすい位置を確認しながら、
フレキシブルに変更したほうがよいでしょう。

ふだんの猫の行動や年齢などを考慮して、棚の位置を決めるとよい

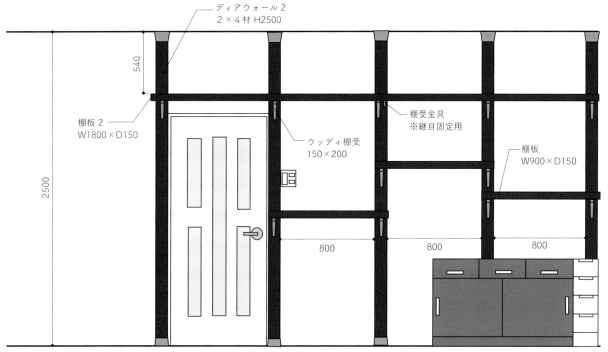

ディアウォール2
2×4材 H2500

540

棚板2
W1800×D150

2500

ウッディ棚受
150×200

棚受金具
※継目固定用

棚板
W900×D150

800　　　　800　　　　800

キャットウォーク設計図の例

参考：和気産業「e-MONO MAGAZINE」

一番上の棚は棚板を2
枚継ぐため、中央の柱は
ウッディ棚受と棚受金具
の2つで板を固定

ここでは突っ張り柱をつくる金具に
「ディアウォール」を使用

有孔ボードの壁をつくる

有孔ボードの壁は、フックがたくさんかけられるため、収納が少ない場所におすすめです。
棚を取り付けたり、小物を飾ったりしてみましょう。有孔ボードは壁にぴったり付けてしまうと、
フックが取り付けられなくなってしまいます。背面には空間が必要です。

有孔ボードの枠部分に裏から棒状の
木材を入れ、壁から浮かせるようにし
て取り付ける

フックはさまざまな種類がある

見せる収納として活躍する有孔ボードの壁。アイデアしだいでいろいろなものが飾れる

腰壁をつくる

P.42で紹介した板でつくる腰壁も、
板の種類や色を変えれば、
ちがった雰囲気になります。
家具や床の色と合わせれば、
インテリアに統一感が出ます。

FAVORITE SPOT

GOOD SLEEP

家具と色を合わせた腰壁。上部のモールをシン
プルな板にすると、ナチュラルな雰囲気に

トイレの
リノベーション

トイレなどの限られたスペースは、作業範囲が
せまいので、セルフリノベに挑戦しやすい場所です。
ただし、便器やタンク回りは曲線が多く、
手が届かない場所もあるため、比較的上部にある壁を
リノベしたり、飾り棚を付けたりすることから
始めてみましょう。

平凡なダウンライトも
ビーズシェードで個
性的な照明になる

タンクより上の壁を塗料で仕上げ、棚を取り付けた。水がかかる場所には、
水に強い仕上げ材を使う

洗面台の壁にタイルを貼る

タイルは水に強く、水回りの施工に向いています。
ここでは上部の壁は珪藻土ですが、珪藻土は水に弱いため、
水がかかりやすい場所はタイル貼りにしています。
タオル掛けの金具などもアンティーク感のあるものに
取り替えれば、洗練された空間になります。

珪藻土と暖色のタイ
ルの組み合わせが、
やわらかい雰囲気を
つくっている。広い範
囲はシート状のタイル
(P.102)のほうがラクに
貼れる

壁などの広い範囲にタイルを貼る場合
は、くしゴテ(左)やゴムベラ(右)を使う

オリジナルの家具や小物をつくる

サイズや用途、デザインなど、すべてが希望どおりの家具を見つけ出すのは至難の業ですが、DIY なら叶えることができます。ぜひいろいろな作品づくりに挑戦してください。

ペットフード収納ボックス

ペットフードやおもちゃ、散歩道具などをまとめて片づけておける引き出し型の収納ボックスです。一番下の引き出しは、ボウルを2つ入れて食事スペースにしています。

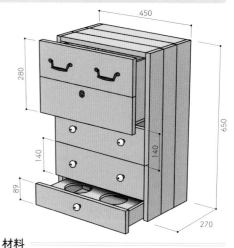

材料

［木材］

本体: ・SPF材(1×4)650mm×6枚、412mm×9枚

・ラワン合板（3mm厚）450mm×650mm×1枚

・工作材 265mm×4本

引き出し:

・SPF材(1×4)450mm×1枚、SPF材(1×6)450mm×4枚

・赤松（木口20×40mm）220mm×4本、60mm×4本、90mm×8本

・ラワン合板（3mm厚）400mm×256mm×2枚、385mm×252mm×1枚

・ラワン合板（9mm厚）387mm×225mm×2枚、235mm×225mm×2枚、387mm×60mm×2枚、235mm×60mm×2枚、402mm×93mm×4枚、240mm×93mm×4枚、387mm×254mm×1枚、387mm×250mm×1枚

［部品］ スライドレール250mm×2セット、35mmビス128本、19mmスクリュー釘24本、ミニビス20mm24本、陶器の取っ手5個、アイアン取っ手2個、鍵穴飾り金物1個

［塗装］ ワックス、ミルクペイント

道具

さしがね、えんぴつ、電動ドリルドライバー（ドライバービット、ドリルビット）、ジグソー、下敷き板、クランプ、サンダー、キリ、玄能、木工用接着剤、ウエス、ステンシルシート、マスキングテープ、スポンジ

陶器の取っ手にしておくと、ペットが噛んでボロボロになることを防げる

一番下の引き出しの高さは、食事がしやすいように、ペットのアゴの高さやボウルの深さに合わせて調整する

ボウルの穴は、板にボウルを当てて線を引く。その5mm内側に円を書いてジグソーでカットする

ペットの体高やフードの量に合わせて、引き出しの高さや奥行きを変える。大型犬なら下から2段目の引き出しの高さを食事スペースにするなど、DIYならではの工夫が楽しめる

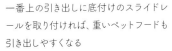

鍵穴のような金物やステンシル（P.109）でオリジナルのデザインに

一番上の引き出しに底付けのスライドレールを取り付ければ、重いペットフードも引き出しやすくなる

引き出し付ブックシェルフ

このブックシェルフは天板を付けないため、本の高さを気にせずに収納できます。
細々した小物は引き出しに入れられるので、小さな家具ですが、収納力は抜群です。

外枠はワックス仕上げ、引き出しはミルクペイントで塗装している。A4判などの大型本を置くなら、幅のある木材で奥行きを深めにつくる

材料

［木材］

本体：
- SPF材（1×6）250mm×2枚、362mm×2枚
- 杉（木口19×13mm）400mm×1枚

引き出し：
- SPF材（1×4）356mm×2枚、100mm×2枚
- ラワン合板（3mm厚）354mm×136mm×1枚

［部品］35mmビス20本、19mmスクリュー釘6本、プラスチック取っ手1個

［塗装］ワックス、ミルクペイント

道具

さしがね、えんぴつ、電動ドリルドライバー（ドライバービット、ドリルビット）、下敷き板、クランプ、サンダー、キリ、玄能、ハケ、ウエス、マスキングテープ、木工用接着剤

引き出しを先につくり、あとから外枠をつくる。外枠上部には天板がないため、背板を付けて側板を固定する

引き出しと外枠の間にすき間ができるよう余裕を持たせないと、引き出しがあけづらくなるので注意

飾り棚になる踏み台

踏み台は高いところにあるものを取る役割のほか、観葉植物を飾る棚や、
かんたんな椅子としても使えます。ひとつあると便利なアイテムです。

材料

[木材]
- メルクシパイン集成材（18mm厚）280×320mm×2枚
- SPF材（1×4）340mm×4枚、304mm×1枚
- 赤松（木口20×40mm）304mm×1本

[部品] 35mmビス24本、直径8mmの丸棒

[塗装] ワックス、ステンシルシート、ミルクペイント

道具

さしがね、えんぴつ、電動ドリルドライバー（ドライバービット、ドリルビット、ダボビット）、下敷き板、のこぎり（中細目、ダボ引き）、クランプ、サンダー、玄能、ウエス、マスキングテープ、木工用接着剤、スポンジ

乗ったときに釘やビスがひっかからないように、踏み板はダボ仕上げ（P.93）にした。踏み板は下の段を先に取り付ける

踏み台はワックスを塗り、ステンシル加工をした。側板と踏み板で色を変えるなど、ペイントしだいでオリジナリティあふれる作品になる

背面には2枚の板を張って、補強をしている

乗ったときにぐらつかないように、側面は一枚板を使う

125

黒板塗料でつくるメッセージボード

P.28の壁の塗装で紹介した「ミルクペイント for ウォール」は、一部の色以外は
黒板機能が付いています。壁に使った塗料が余ったときや、壁に塗る前の練習として、
小さな黒板ボードをつくってみてはいかがでしょうか。
使用する塗料や道具は壁の塗装と同じです。

材料
［木材］シナ合板（9mm厚）
［塗料］ミルクペイント for ウォール

道具
バット、ローラー、マスカー、マスキングテープ

ここでは、こげ茶色
のコーヒービーンズ
を使用

合板でつくったボードは薄いため、立てかけてもいいし、穴をあけて吊るしてもいい

塗る範囲がせまい場合は、V
の字を書いてから塗っていく

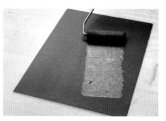

最初の塗りがしっかり乾い
たら、二度塗りして完成

「ミルクペイント for ウォール」で塗った壁。チョークで書いたイラストも部
屋のインテリアになる

撮影協力

tukuriba

村上美樹

床並由佳＋すもも

材料提供

ターナー色彩株式会社「ミルクペイント」

https://www.turner.co.jp

画像提供

株式会社 西粟倉・森の学校（P4 フローリング、P49 フローリング）

https://morinogakko.jp

和気産業株式会社（P88 すべて、P119 すべて）

http://www.waki-diy.co.jp

Special Thanks

この本の制作に協力してくださったすべての皆様

参考書籍

『使える！！内外装材［活用］シート 2016-2017』

みんなの建材倶楽部 著／エクスナレッジ

『プロのスゴ技でつくる楽々 DIY インテリア』

古川泰司 著／エクスナレッジ

『超図解で全部わかるインテリアデザイン入門 増補改訂版』

Aiprah 著 河村容治監修／エクスナレッジ

『図解住まいの寸法』

堀野和人・黒田吏香 著／学芸出版社

『インテリアコーディネーター二次試験の完全対策』

金丸由美子・佐藤恵子・餘野篤子 著／オーム社

［著者］

長野 恵理（ながの えり）

DIYアドバイザー／グリーンアドバイザー

関西学院大学卒。兵庫県生まれ、神奈川県在住。

大手住宅メーカーを経て、雑貨店の経営に携わる。

築25年の庭付き一戸建てを購入後、家と庭のリノベーションにハマり、

木工やセルフリノベのスキルを習得。その経験を活かし、

体験型DIY専門店「tukuriba」のブランドマネージャーとして、2020年春まで勤務。

DIYワークショップの企画・運営を手がけ、

各種イベント、出張リノベワークショップなどを多数開催。

「初心者でもわかりやすく楽しい講座」をモットーとし、

個人や企業向けの講師育成研修も行う。

著書に「女子DIYの教科書二子玉川tukuribaスタイル」（講談社）がある。

はじめての
セルフリノベ

2020年8月31日　初版第1刷発行

著　　　者　　長野恵理

発 行 者　　澤井聖一

発 行 所　　株式会社エクスナレッジ

〒106-0032 東京都港区六本木7-2-26
http://www.xknowledge.co.jp/

問合せ先　　［編集］TEL：03-3403-5898
　　　　　　　　　　FAX：03-3403-0582
　　　　　　　　　info@xknowledge.co.jp

　　　　　　　［販売］TEL：03-3403-1321
　　　　　　　　　　FAX：03-3403-1829